Cyrano de Bergerac

Edmond Rostand

ISBN: 978-1502425768

Personnages:

CYRANO DE BERGERAC
CHRISTIAN DE NEUVILLETTE
COMTE DE GUICHE
RAGUENEAU
LE BRET
CARBON DE CASTEL-JALOUX
LES CADETS
LIGNIÈRE
DE VALVERT
UN MARQUIS
DEUXIÈME MARQUIS
TROISIÈME MARQUIS
MONTFLEURY
BELLEROSE
JODELET
CUIGY
BRISSAILLE
UN FÂCHEUX
UN MOUSQUETAIRE
UN AUTRE
UN OFFICIER ESPAGNOL
UN CHEVAU-LÉGER
LE PORTIER
UN BOURGEOIS
SON FILS
UN TIRE-LAINE
UN SPECTATEUR
UN GARDE
BERTRANDOU LE FIFRE
LE CAPUCIN
DEUX MUSICIENS
LES POÈTES
LES PATISSIERS
ROXANE
SŒUR MARTHE
LISE
LA DISTRIBUTRICE
MÈRE MARGUERITE DE JÉSUS
LA DUÈGNE
SŒUR CLAIRE
UNE COMÉDIENNE
LA SOUBRETTE
LES PAGES
LA BOUQUETIÈRE

La foule, bourgeois, marquis, mousquetaires, tire-laine, pâtissiers, poètes, cadets gascons, comédiens, violons, pages, enfants, soldats, espagnols, spectateurs, spectatrices, précieuses, comédiennes, bourgeoises, religieuses, etc.

(Les quatre premiers actes en 1640, le cinquième en 1655.)

Acte I.

Une Représentation à l'Hôtel de Bourgogne.

La salle de l'Hôtel de Bourgogne, en 1640. Sorte de hangar de jeu de paume aménagé et embelli pour des représentations.

La salle est un carré long; on la voit en biais, de sorte qu'un de ses côtés forme le fond qui part du premier plan, à droite, et va au dernier plan, à gauche, faire angle avec la scène, qu'on aperçoit en pan coupé.

Cette scène est encombrée, des deux côtés, le long des coulisses, par des banquettes. Le rideau est formé par deux tapisseries qui peuvent s'écarter. Au-dessus du manteau d'Arlequin, les armes royales. On descend de l'estrade dans la salle par de larges marches. De chaque côté de ces marches, la place des violons. Rampe de chandelles.

Deux rangs superposés de galeries latérales: le rang supérieur est divisé en loges. Pas de sièges au parterre, qui est la scène même du théâtre; au fond de ce parterre, c'est-à-dire à droite, premier plan, quelques bancs formant gradins et, sous un escalier qui monte vers des places supérieures, et dont on ne voit que le départ, une sorte de buffet orné de petits lustres, de vases fleuris, de verres de cristal, d'assiettes de gâteaux, de flacons, etc.

Au fond, au milieu, sous la galerie de loges, l'entrée du théâtre. Grande porte qui s'entre-bâille pour laisser passer les spectateurs. Sur les battants de cette porte, ainsi que dans plusieurs coins et au-dessus du buffet, des affiches rouges sur lesquelles on lit: La Clorise.

Au lever du rideau, la salle est dans une demi-obscurité, vide encore. Les lustres sont baissés au milieu du parterre, attendant d'être allumés.

Scène 1.I.

Le public, qui arrive peu à peu. Cavaliers, bourgeois, laquais, pages, tire-laine, le portier, etc., puis les marquis, Cuigy, Brissaille, la distributrice, les violons, etc.

(On entend derrière la porte un tumulte de voix, puis un cavalier entre brusquement.)

LE PORTIER (*le poursuivant*):
Holà! vos quinze sols!

LE CAVALIER:
J'entre gratis!

LE PORTIER:
Pourquoi?

LE CAVALIER:
Je suis chevau-léger de la maison du Roi!

LE PORTIER (*à un autre cavalier qui vient d'entrer*):
Vous?

DEUXIÈME CAVALIER:
Je ne paye pas!

LE PORTIER:
Mais. . .

DEUXIÈME CAVALIER:
Je suis mousquetaire.

PREMIER CAVALIER (*au deuxième*):
On ne commence qu'à deux heures. Le parterre
Est vide. Exerçons-nous au fleuret.
(Ils font des armes avec des fleurets qu'ils ont apportés.)

UN LAQUAIS (*entrant*):
Pst. . .Flanquin. . .!

UN AUTRE (*déjà arrivé*):
Champagne?. . .

LE PREMIER (*lui montrant des jeux qu'il sort de son pourpoint*):
Cartes. Dés.
(*Il s'assied par terre*):
Jouons.

LE DEUXIÈME (*même jeu*):
Oui, mon coquin.

PREMIER LAQUAIS (*tirant de sa poche un bout de chandelle qu'il allume et colle par terre*):
J'ai soustrait à mon maître un peu de luminaire.

UN GARDE (*à une bouquetière qui s'avance*):
C'est gentil de venir avant que l'on n'éclaire!. . .
(*Il lui prend la taille.*)

UN DES BRETTEURS (*recevant un coup de fleuret*):
Touche!

UN DES JOUEURS:
Trèfle!

LE GARDE (*poursuivant la fille*):
Un baiser!

LA BOUQUETIÈRE (*se dégageant*):
On voit!. . .

LE GARDE (*l'entraînant dans les coins sombres*):
Pas de danger!

UN HOMME (*s'asseyant par terre avec d'autres porteurs de provisions de bouche*):
Lorsqu'on vient en avance, on est bien pour manger.

UN BOURGEOIS (*conduisant son fils*):
Plaçons-nous là, mon fils.

UN JOUEUR:
Brelan d'as!

UN HOMME (*tirant une bouteille de sous son manteau et s'asseyant aussi*):
Un ivrogne
Doit boire son bourgogne. . .
(*il boit*):
À l'hôtel de Bourgogne!

LE BOURGEOIS (*à son fils*):
Ne se croirait-on pas en quelque mauvais lieu?
(*Il montre l'ivrogne du bout de sa canne*):
Buveurs. . .
(*En rompant, un des cavaliers le bouscule*):
Bretteurs!
(*Il tombe au milieu des joueurs*):
Joueurs!

LE GARDE (*derrière lui, lutinant toujours la femme*):
Un baiser!

LE BOURGEOIS (*éloignant vivement son fils*):
Jour de Dieu!
—Et penser que c'est dans une salle pareille
Qu'on joua du Rotrou, mon fils.

LE JEUNE HOMME:
Et du Corneille!

UNE BANDE DE PAGES (*se tenant par la main, entre en farandole et chante*):
Tra la la la la la la la la la lère. . .

LE PORTIER (*sévèrement aux pages*):
Les pages, pas de farce!. . .

PREMIER PAGE (*avec une dignité blessée*):
Oh! Monsieur! ce soupçon!. . .

7

(*Vivement au deuxième, dès que le portier a tourné le dos*):
As-tu de la ficelle?

LE DEUXIÈME:
Avec un hameçon.

PREMIER PAGE:
On pourra de là-haut pêcher quelque perruque.

UN TIRE-LAINE (*groupant autour de lui plusieurs hommes de mauvaise mine*):
Or çà, jeunes escrocs, venez qu'on vous éduque:
Puis donc que vous volez pour la première fois. . .

DEUXIÈME PAGE (*criant à d'autres pages déjà placés aux galeries supérieures*):
Hep! Avez-vous des sarbacanes?

TROISIÈME PAGE (*d'en haut*):
Et des pois!
(*Il souffle et les crible de pois.*)

LE JEUNE HOMME (*à son père*):
Que va-t-on nous jouer?

LE BOURGEOIS:
Clorise.

LE JEUNE HOMME:
De qui est-ce?

LE BOURGEOIS:
De monsieur Balthazar Baro. C'est une pièce!. . .
(*Il remonte au bras de son fils.*)

LE TIRE-LAINE (*à ses acolytes*):
. . .La dentelle surtout des canons, coupez-la!

UN SPECTATEUR (*à un autre, lui montrant une encoignure élevée*):
Tenez, à la première du Cid, j'étais là!

LE TIRE-LAINE (*faisant avec ses doigts le geste de subtiliser*):
Les montres. . .

LE BOURGEOIS (*redescendant, à son fils*):
Vous verrez des acteurs très illustres. . .

LE TIRE-LAINE (*faisant le geste de tirer par petites secousses furtives*):
Les mouchoirs. . .

LE BOURGEOIS:
Montfleury. . .

QUELQU'UN (*criant de la galerie supérieure*):
Allumez donc les lustres!

LE BOURGEOIS:
. . .Bellerose, L'Epy, la Beaupré, Jodelet!

UN PAGE (*au parterre*):
Ah! voici la distributrice!

LA DISTRIBUTRICE (*paraissant derrière le buffet*):
Oranges, lait,
Eau de frambroise, aigre de cèdre!
(*Brouhaha à la porte.*)

UNE VOIX DE FAUSSET:
Place, brutes!

UN LAQUAIS (*s'étonnant*):
Les marquis!. . .au parterre?. . .

UN AUTRE LAQUAIS:
Oh! pour quelques minutes.
(*Entre une bande de petits marquis.*)

UN MARQUIS (*voyant la salle à moitié vide*):
Hé quoi! Nous arrivons ainsi que les drapiers,
Sans déranger les gens? sans marcher sur les pieds?
Ah, fi! fi! fi!
(*Is se trouve devant d'autres gentilshommes entrés peu avant*):

Cuigy! Brissaille!
(*Grandes embrassades.*)

CUIGY:
Des fidèles!. . .
Mais oui, nous arrivons devant que les chandelles. . .

LE MARQUIS:
Ah, ne m'en parlez pas! Je suis dans une humeur. . .

UN AUTRE:
Console-toi, marquis, car voici l'allumeur!

LA SALLE (*saluant l'entrée de l'allumeur*):
Ah!. . .
(*On se groupe autour des lustres qu'il allume. Quelques personnes ont pris place aux galeries. Lignière entre au parterre, donnant le bras à Christian de Neuvillette. Lignière, un peu débraillé, figure d'ivrogne distingué. Christian, vêtu élégamment, mais d'une façon un peu démodée, paraît préoccupé et regarde les loges.*)

Scène 1.II.

Les mêmes, Christian, Lignière, puis Ragueneau et Le Bret.

CUIGY:
Lignière!

BRISSAILLE (*riant*):
Pas encor gris!. . .

LIGNIÈRE (*bas à Christian*):
Je vous présente?
(*Signe d'assentiment de Christian*):
Baron de Neuvillette.
(*Saluts.*)

LA SALLE (*acclamant l'ascension du premier lustre allumé*):
Ah!

CUIGY (*à Brissaille, en regardant Christian*):
La tête est charmante.

PREMIER MARQUIS (*qui a entendu*):
Peuh!. . .

LIGNIÈRE (*présentant à Christian*):
Messieurs de Cuigy, de Brissaille. . .

CHRISTIAN (*s'inclinant*):
Enchanté!. . .

PREMIER MARQUIS (*au deuxième*):
Il est assez joli, mais n'est pas ajusté
Au dernier goût.

LIGNIÈRE (*à Cuigy*):
Monsieur débarque de Touraine.

CHRISTIAN:
Oui, je suis à Paris depuis vingt jours à peine.
J'entre aux gardes demain, dans les Cadets.

PREMIER MARQUIS (*regardant les personnes qui entrent dans les loges*):
Voilà
La présidente Aubry!

LA DISTRIBUTRICE:
Oranges, lait. . .

LES VIOLONS (*s'accordant*):
La. . .la. . .

CUIGY (*à Christian, lui désignant la salle qui se garnit*):
Du monde!

CHRISTIAN:
Eh, oui, beaucoup,

PREMIER MARQUIS:
Tout le bel air!

(Ils nomment les femmes à mesure qu'elles entrent, très parées, dans les loges. Envois de saluts, réponses de sourires.)

DEUXIÈME MARQUIS:
Mesdames
De Guéméné. . .

CUIGY:
De Bois-Dauphin. . .

PREMIER MARQUIS:
Que nous aimâmes. . .

BRISSAILLE:
De Chavigny. . .

DEUXIÈME MARQUIS:
Qui de nos cœurs va se jouant!

LIGNIÈRE:
Tiens, monsieur de Corneille est arrivé de Rouen.

LE JEUNE HOMME (*à son père*):
L'Académie est là?

LE BOURGEOIS:
Mais. . .j'en vois plus d'un membre;
Voici Boudu, Boissat, et Cureau de la Chambre;
Porchères, Colomby, Bourzeys, Bourdon, Arbaud. . .
Tous ces noms dont pas un ne mourra, que c'est beau!

PREMIER MARQUIS:
Attention! nos précieuses prennent place:
Barthénoïde, Urimédonte, Cassandace,
Félixérie. . .

DEUXIÈME MARQUIS (*se pâmant*):
Ah! Dieu! leurs surnoms sont exquis!
Marquis, tu les sais tous?

PREMIER MARQUIS:
Je les sais tous, marquis!

LIGNIÈRE (*prenant Christian à part*):
Mon cher, je suis entré pour vous rendre service:
La dame ne vient pas. Je retourne à mon vice!

CHRISTIAN (*suppliant*):
Non!. . .Vous, qui chansonnez et la ville et la cour,
Restez: vous me direz pour qui je meurs d'amour.

LE CHEF DES VIOLONS (*frappant sur son pupitre, avec son archet*):
Messieurs les violons!. . .
(*Il lève son archet.*)

LA DISTRIBUTRICE:
Macarons, citronnée. . .
(*Les violons commencent à jouer.*)

CHRISTIAN:
J'ai peur qu'elle ne soit coquette et raffinée,
Je n'ose lui parler car je n'ai pas d'esprit.
Le langage aujourd'hui qu'on parle et qu'on écrit,
Me trouble. Je ne suis qu'un bon soldat timide.
—Elle est toujours à droite, au fond: la loge vide.

LIGNIÈRE (*faisant mine de sortir*):
Je pars.

CHRISTIAN (*le retenant encore*):
Oh! non, restez!

LIGNIÈRE:
Je ne peux. D'Assoucy
M'attend au cabaret. On meurt de soif, ici.

LA DISTRIBUTRICE (*passant devant lui avec un plateau*):
Orangeade?

LIGNIÈRE:
Fi!

LA DISTRIBUTRICE:
Lait?

LIGNIÈRE:
Pouah!

LA DISTRIBUTRICE:
Rivesalte?

LIGNIÈRE:
Halte!
(*A Christian*):
Je reste encore un peu.—Voyons ce rivesalte?
(*Il s'assied près du buffet. La distributrice lui verse du rivesalte.*)

CRIS (*dans le public à l'entrée d'un petit homme grassouillet et réjoui*):
Ah! Ragueneau!. . .

LIGNIÈRE (*à Christian*):
Le grand rôtisseur Ragueneau.

RAGUENEAU (*costume de pâtissier endimanché, s'avançant vivement vers Lignière*):
Monsieur, avez-vous vu monsieur de Cyrano?

LIGNIÈRE (*présentant Ragueneau à Christian*):
Le pâtissier des comédiens et des poètes!

RAGUENEAU (*se confondant*):
Trop d'honneur. . .

LIGNIÈRE:
Taisez-vous, Mécène que vous êtes!

RAGUENEAU:
Oui, ces messieurs chez moi se servent. . .

LIGNIÈRE:
A crédit.
Poète de talent lui-même. . .

RAGUENEAU:
Ils me l'ont dit.

LIGNIÈRE:
Fou de vers!

RAGUENEAU:
Il est vrai que pour une odelette. . .

LIGNIÈRE:
Vous donnez une tarte. . .

RAGUENEAU:
Oh! une tartelette!

LIGNIÈRE:
Brave homme, il s'en excuse! Et pour un triolet
Ne donnâtes-vous pas?. . .

RAGUENEAU:
Des petits pains!

LIGNIÈRE (*sévèrement*):
Au lait.
—Et le théâtre, vous l'aimez?

RAGUENEAU:
Je l'idolâtre.

LIGNIÈRE:
Vous payez en gâteaux vos billets de théâtre!
Votre place, aujourd'hui, là, voyons, entre nous,
Vous a coûté combien?

RAGUENEAU:
Quatre flans. Quinze choux.
(*Il regarde de tous côtés*):
Monsieur de Cyrano n'est pas là? Je m'étonne.

LIGNIÈRE:
Pourquoi?

RAGUENEAU:
Montfleury joue!

LIGNIÈRE:
En effet, cette tonne
Va nous jouer ce soir le rôle de Phédon.
Qu'importe à Cyrano?

RAGUENEAU:
Mais vous ignorez donc?
Il fit à Montfleury, messieurs, qu'il prit en haine,
Défense, pour un mois, de reparaître en scène.

LIGNIÈRE (*qui en est à son quatrième petit verre*):
Eh bien?

RAGUENEAU:
Montfleury joue!

CUIGY (*qui s'est rapproché de son groupe*):
Il n'y peut rien.

RAGUENEAU:
Oh! oh!
Moi, je suis venu voir!

PREMIER MARQUIS:
Quel est ce Cyrano?

CUIGY:
C'est un garcon versé dan les colichemardes.

DEUXIÈME MARQUIS:
Noble?

CUIGY:
Suffisamment. Il est cadet aux gardes.
(*Montrant un gentilhomme qui va et vient dans la salle comme s'il
cherchait quelqu'un*):
Mais son ami Le Bret peut vous dire. . .
(*Il appelle*):
Le Bret!

(*Le Bret descend vers eux*):
Vous cherchez Bergerac?

LE BRET:
Oui, je suis inquiet!. . .

CUIGY:
N'est-ce pas que cet homme est des moins ordinaires?

LE BRET (*avec tendresse*):
Ah, c'est le plus exquis des êtres sublunaires!

RAGUENEAU:
Rimeur!

CUIGY:
Bretteur!

BRISSAILLE:
Physicien!

LE BRET:
Musicien!

LIGNIÈRE:
Et quel aspect hétéroclite que le sien!

RAGENEAU:
Certes, je ne crois pas que jamais nous le peigne
Le solennel monsieur Philippe de Champaigne;
Mais bizarre, excessif, extravagant, falot,
Il eût fourni, je pense, à feu Jacques Callot
Le plus fol spadassin à mettre entre ses masques:
Feutre à panache triple et pourpoint à six basques,
Cape que par derrière, avec pompe, l'estoc
Lève, comme une queue insolente de coq,
Plus fier que tous les Artabans dont la Gascogne
Fut et sera toujours l'alme Mère Gigogne,
Il promène, en sa fraise à la Pulcinella,
Un nez!. . .Ah! messeigneurs, quel nez que ce nez-là!. . .
On ne peut voir passer un pareil nasigère
Sans s'écrier: "Oh! non, vraiment, il exagère!"

Puis on sourit, on dit: "Il va l'enlever. . ." Mais
Monsieur de Bergerac ne l'enlève jamais.

LE BRET (*hochant la tête*):
Il le porte,—et pourfend quiconque le remarque!

RAGUENEAU (*fièrement*):
Son glaive est la moitié des ciseaux de la Parque!

PREMIER MARQUIS (*haussant les épaules*):
Il ne viendra pas!

RAGUENEAU:
Si!. . .Je parie un poulet
A la Ragueneau!

LE MARQUIS (*riant*):
Soit!
(*Rumeurs d'admiration dan la salle. Roxane vient de paraître dans sa
loge. Elle s'assied sur le devant, sa duègne prend place au fond.
Christian, occupé à payer la distributrice, ne regarde pas.*)

DEUXIÈME MARQUIS (*avec des petit cris*):
Ah, messieurs! mais elle est
Épouvantablement ravissante!

PREMIER MARQUIS:
Une pêche
Qui sourirait avec une fraise!

DEUXIÈME MARQUIS:
Et si fraîche
Qu'on pourrait, l'approchant, prendre un rhume de cœur!

CHRISTIAN (*lève la tête, aperçoit Roxane, et saisit vivement Lignière par
le bras*):
C'est elle!

LIGNIÈRE (*regardant*):
Ah! c'est elle?. . .

CHRISTIAN:
Oui. Dites vite. J'ai peur.

LIGNIÈRE (*dégustant son rivesalte à petits coups*):
Magdaleine Robin, dite Roxane.—Fine.
Précieuse.

CHRISTIAN:
Hélas!

LIGNIÈRE:
Libre. Orpheline. Cousine
De Cyrano,—dont on parlait. . .
(*A ce moment, un seigneur très élégant, le cordon bleu en sautoir, entre
dans la loge et, debout, cause un instant avec Roxane.*)

CHRISTIAN (*tressaillant*):
Cet homme?. . .

LIGNIÈRE (*qui commence à être gris, clignant de l'œil*):
Hé! hé!. . .
—Comte de Guiche. Épris d'elle. Mais marié
A la nièce d'Armand de Richelieu. Désire
Faire épouser Roxane à certain triste sire,
Un monsieur de Valvert, vicomte. . .et complaisant.
Elle n'y souscrit pas, mais de Guiche est puissant:
Il peut persécuter une simple bourgeoise.
D'ailleurs j'ai dévoilé sa manœuvre sournoise
Dans une chanson qui. . .Ho! il doit m'en vouloir!
—La fin était méchante. . .Écoutez. . .
(*Il se lève en titubant, le verre haut, prêt a chanter.*)

CHRISTIAN:
Non. Bonsoir.

LIGNIÈRE:
Vous allez?

CHRISTIAN:
Chez monsieur de Valvert!

LIGNIÈRE:
Prenez garde:

C'est lui qui vous tuera!
(*Lui désignant du coin de l'œil Roxane*):
Restez. On vous regarde.

CHRISTIAN:
C'est vrai!
(*Il reste en contemplation. Le groupe de tire-laine, à partir de ce moment, le voyant la tête en l'air et bouche bée, se rapproche de lui.*)

LIGNIÈRE:
C'est moi qui pars. J'ai soif! Et l'on m'attend
—Dans les tavernes!
(*Il sort, zigzaguant.*)

LE BRET (*qui a fait le tour de la salle, revenant vers Ragueneau, d'une voix rassurée*):
Pas de Cyrano.

RAGUENEAU (*incrédule*):
Pourtant. . .

LE BRET:
Ah! je veux espérer qu'il n'a pas vu l'affiche!

LA SALLE:
Commencez! Commencez!

Scène 1.III.

Les mêmes, moins Lignière; De Guiche, Valvert, puis Montfleury.

UN MARQUIS (*voyant de Guiche, qui descend de la loge de Roxane, traverse le parterre, entouré de seigneurs obséquieux, parmi lesquels le vicomte de Valvert*):
Quelle cour, ce de Guiche!

UN AUTRE:
Fi!. . .Encore un Gascon!

LE PREMIER:
Le Gascon souple et froid,
Celui qui réussit!. . .Saluons-le, crois-moi.
(*Ils vont vers de Guiche.*)

DEUXIÈME MARQUIS:
Les beaux rubans! Quelle couleur, comte de Guiche?
Baise-moi-ma-mignonne ou bien Ventre-de-biche?

DE GUICHE:
C'est couleur Espagnol malade.

PREMIER MARQUIS:
La couleur
Ne ment pas, car bientôt, grâce à votre valeur,
L'Espagnol ira mal, dans les Flandres!

DE GUICHE:
Je monte
Sur scène. Venez-vous?
(*Il se dirige, suivi de tous les marquis et gentilshommes, vers le théâtre. Il se retourne et appelle*):
Viens, Valvert!

CHRISTIAN (*qui les écoute et les observe, tressaille en entendant ce nom*):
Le vicomte!
Ah! je vais lui jeter à la face mon. . .
(*Il met la main dans sa poche, et y rencontre celle d'un tire-laine en train de le dévaliser. Il se retourne*):
Hein?

LE TIRE-LAINE:
Ay!. . .

CHRISTIAN (*sans le lâcher*):
Je cherchais un gant!

LE TIRE-LAINE (*avec un sourire piteux*):
Vous trouvez une main.
(*Changeant de ton, bas et vite*):
Lâchez-moi. Je vous livre un secret.

CHRISTIAN (*le tenant toujours*):
Quel?

LE TIRE-LAINE:
Lignière. . .
Qui vous quitte. . .

CHRISTIAN (*de même*):
Eh! bien?

LE TIRE-LAINE:
. . .touche à son heure dernière.
Une chanson qu'il fit blessa quelqu'un de grand,
Et cent hommes—j'en suis—ce soir sont postés!. . .

CHRISTIAN:
Cent!
Par qui?

LE TIRE-LAINE:
Discrétion. . .

CHRISTIAN (*haussant les épaules*):
Oh!

LE TIRE-LAINE (*avec beaucoup de dignité*):
Professionnelle!

CHRISTIAN:
Où seront-ils postés?

LE TIRE-LAINE:
À la porte de Nesle.
Sur son chemin. Prévenez-le!

CHRISTIAN (*qui lui lâche enfin le poignet*):
Mais où le voir!

LE TIRE-LAINE:
Allez courir tous les cabarets: le Pressoir
D'Or, la Pomme de Pin, la Ceinture qui craque,
Les Deux Torches, les Trois Entonnoirs,—et dans chaque,
Laissez un petit mot d'écrit l'avertissant.

CHRISTIAN:
Oui, je cours! Ah! les gueux! Contre un seul homme, cent!
(*Regardant Roxane avec amour*):
La quitter. . .elle!
(*Avec fureur, Valvert*):
Et lui!. . .—Mais il faut que je sauve
Lignière!. . .
(*Il sort en courant.—De Guiche, le vicomte, les marquis, tous les gentilshommes ont disparu derrière le rideau pour prendre place sur les banquettes de la scène. Le parterre est complètement rempli. Plus une place vide aux galeries et aux loges.*)

LA SALLE:
Commencez.

UN BOURGEOIS (*dont la perruque s'envole au bout d'une ficelle, pêchée par un page de la galerie supérieure*):
Ma perruque!

CRIS DE JOIE:
Il est chauve!. . .
Bravo, les pages!. . .Ha! ha! ha!. . .

LE BOURGEOIS (*furieux, montrant le poing*):
Petit gredin!

RIRES ET CRIS (*qui commencent très fort et vont décroissant*):
Ha! ha! ha! ha! ha! ha!
(*Silence complet.*)

LE BRET (*étonné*):
Ce silence soudain?. . .
(*Un spectateur lui parle bas*):
Ah?

LE SPECTATEUR:
La chose me vient d'être certifiée.

MURMURES (*qui courent*):
Chut!—Il paraît?. . .—Non!. . .—Si!—Dans la loge grillée.—
Le Cardinal!—Le Cardinal?—Le Cardinal!

UN PAGE:
Ah! diable, on ne va pas pouvoir se tenir mal!. . .
(*On frappe sur la scène. Tout le monde s'immobilise. Attente.*)

LA VOIX D'UN MARQUIS (*dans le silence, derrière le rideau*):
Mouchez cette chandelle!

UN AUTRE MARQUIS (*passant la tête par la fente du rideau*):
Une chaise!
(*Une chaise est passée, de main en main, au-dessus des têtes. Le marquis la prend et disparaît, non sans avoir envoyé quelques baisers aux loges.*)

UN SPECTATEUR:
Silence!
(*On refrappe les trois coups. Le rideau s'ouvre. Tableau. Les marquis assis sur les côtés, dans des poses insolentes. Toile de fond représentant un décor bleuâtre de pastorale. Quatre petits lustres de cristal éclairent la scène. Les violons jouent doucement.*)

LE BRET (*à Ragueneau, bas*):
Montfleury entre en scène?

RAGUENEAU (*bas aussi*):
Oui, c'est lui qui commence.

LE BRET:
Cyrano n'est pas là.

RAGUENEAU:
J'ai perdu mon pari.

LE BRET:
Tant mieux! tant mieux!
(*On entend un air de musette, et Montfleury paraît en scène, énorme, dans un costume de berger de pastorale, un chapeau garni de roses penché sur l'oreille, et soufflant dans une cornemuse enrubannée.*)

LE PARTERRE (*applaudissant*):
Bravo, Montfleury! Montfleury!

MONTFLEURY (*après avoir salué, jouant le rôle de Phédon*):
Heureux qui loin des cours, dans un lieu solitaire,
Se prescrit à soi-même un exil volontaire,
Et qui, lorsque Zéphire a soufflé sur les bois. . .

UNE VOIX (*au milieu du parterre*):
Coquin, ne t'ai-je pas interdit pour un mois?
(*Stupeur. Tout le monde se retourne. Murmures.*)

VOIX DIVERSES:
Hein?—Quoi?—Qu'est-ce?. . .
(*On se lève dans les loges, pour voir.*)

CUIGY:
C'est lui!

LE BRET (*terrifié*):
Cyrano!

LA VOIX:
Roi des pitres!
Hors de scène a l'instant!

TOUTE LA SALLE (*indignée*):
Oh!

MONTFLEURY:
Mais. . .

LA VOIX:
Tu récalcitres?

VOIX DIVERSES (*du parterre, des loges*):
Chut!—Assez!—Montfleury, jouez!—Ne craignez rien!. . .

MONTFLEURY (*d'une voix mal assurée*):
Heureux qui loin des cours dans un lieu sol. . .

LA VOIX (*plus menaçante*):
Eh bien!
Faudra-t-il que je fasse, ô Monarque des drôles,

Une plantation de bois sur vos épaules?
(*Une canne au bout d'un bras jaillit au-dessus des têtes.*)

MONTFLEURY (*d'une voix de plus en plus faible*):
Heureux qui. . .
(*La canne s'agite.*)

LA VOIX:
Sortez!

LE PARTERRE:
Oh!

MONTFLEURY (*s'étranglant*):
Heureux qui loin des cours. . .

CYRANO (*surgissant du parterre, debout sur une chaise, les bras croisés, son feutre en bataille, la moustache hérissée, le nez terrible*):
Ah! je vais me fâcher!. . .
(*Sensation à sa vue.*)

Scène 1.IV.

Les mêmes, Cyrano, puis Bellerose, Jodelet.

MONTFLEURY (*aux marquis*):
Venez à mon secours,
Messieurs!

UN MARQUIS (*nonchalamment*):
Mais jouez donc!

CYRANO:
Gros homme, si tu joues
Je vais être obligé de te fesser les joues!

LE MARQUIS:
Assez!

CYRANO:
Que les marquis se taisent sur leurs bancs,
Ou bien je fais tâter ma canne à leurs rubans!

TOUS LES MARQUIS (*debout*):
C'en est trop!. . .Montfleury. . .

CYRANO:
Que Montfleury s'en aille,
Ou bien je l'essorille et le désentripaille!

UNE VOIX:
Mais. . .

CYRANO:
Qu'il sorte!

UNE AUTRE VOIX:
Pourtant. . .

CYRANO:
Ce n'est pas encor fait?
(*Avec le geste de retrousser ses manches*):
Bon! je vais sur la scène en guise de buffet,
Découper cette mortadelle d'Italie!

MONTFLEURY (*rassemblant toute sa dignité*):
En m'insultant, Monsieur, vous insultez Thalie!

CYRANO (*très poli*):
Si cette Muse, à qui, Monsieur, vous n'êtes rien,
Avait l'honneur de vous connaître, croyez bien
Qu'en vous voyant si gros et bête comme une urne,
Elle vous flanquerait quelque part son cothurne.

LE PARTERRE:
Montfleury! Montfleury!—La pièce de Baro!—

CYRANO (*à ceux qui crient autour de lui*):
Je vous en prie, ayez pitié de mon fourreau:
Si vous continuez, il va rendre sa lame!
(*Le cercle s'élargit.*)

LA FOULE (*reculant*):
Hé! là!. . .

CYRANO (*à Montfleury*):
Sortez de scène!

LA FOULE (*se rapprochant et grondant*):
Oh! oh!

CYRANO (*se retournant vivement*):
Quelqu'un réclame?
(*Nouveau recul.*)

UNE VOIX (*chantant au fond*):
Monsieur de Cyrano
Vraiment nous tyrannise,
Malgré ce tyranneau
On jouera la Clorise.

TOUTE LA SALLE (*chantant*):
La Clorise, la Clorise!. . .

CYRANO:
Si j'entends une fois encor cette chanson,
Je vous assomme tous.

UN BOURGEOIS:
Vous n'êtes pas Samson!

CYRANO:
Voulez-vous me prêter, Monsieur, votre mâchoire?

UNE DAME (*dans les loges*):
C'est inouï!

UN SEIGNEUR:
C'est scandaleux!

UN BOURGEOIS:
C'est vexatoire!

UN PAGE:
Ce qu'on s'amuse!

LE PARTERRE:
Kss!—Montfleury!—Cyrano!

CYRANO:
Silence!

LE PARTERRE (*en délire*):
Hi han! Bêê! Ouah, ouah! Cocorico!

CYRANO:
Je vous. . .

UN PAGE:
Miâou!

CYRANO:
Je vous ordonne de vous taire!
Et j'adresse un défi collectif au parterre!
—J'inscris les noms!—Approchez-vous, jeunes héros!
Chacun son tour! Je vais donner des numéros!—
Allons, quel est celui qui veut ouvrir la liste?
Vous, Monsieur? Non! Vous? Non! Le premier duelliste,
Je l'expédie avec les honneurs qu'on lui doit!
—Que tous ceux qui veulent mourir lèvent le doigt.
(*Silence*):
La pudeur vous défend de voir ma lame nue?
Pas un nom?—Pas un doigt?—C'est bien. Je continue.
(*Se retournant vers la scène où Montfleury attend avec angoisse*):
Donc, je désire voir le théâtre guéri
De cette fluxion. Sinon. . .
(*La main à son épée*):
le bistouri!

MONTFLEURY:
Je. . .

CYRANO (*descend de sa chaise, s'assied au milieu du rond qui s'est formé, s'installe comme chez lui*):
Mes mains vont frapper trois claques, pleine lune!
Vous vous éclipserez à la troisième.

LE PARTERRE (*amusé*):
Ah?. . .

CYRANO (*frappant dans ses mains*):
Une!

MONTFLEURY:
Je. . .

UNE VOIX (*des loges*):
Restez!

LE PARTERRE:
Restera. . .restera pas. . .

MONTFLEURY:
Je crois,
Messieurs. . .

CYRANO:
Deux!

MONTFLEURY:
Je suis sûr qu'il vaudrait mieux que. . .

CYRANO:
Trois!
(*Montfleury disparaît comme dans une trappe. Tempête de rires, de sifflets et de huées.*)

LA SALLE:
Hu!. . .hu!. . .Lâche!. . .Reviens!. . .

CYRANO (*épanoui, se renverse sur sa chaise, et croise ses jambes*):
Qu'il revienne, s'il l'ose!

UN BOURGEOIS:
L'orateur de la troupe!
(*Bellerose s'avance et salue.*)

LES LOGES:
Ah!. . .Voilà Bellerose!

BELLEROSE (*avec élégance*):
Nobles seigneurs. . .

LE PARTERRE:
Non! Non! Jodelet!

JODELET (*s'avance, et, nasillard*):
Tas de veaux!

LE PARTERRE:
Ah! Ah! Bravo! très bien! bravo!

JODELET:
Pas de bravos!
Le gros tragédien dont vous aimez le ventre
S'est senti. . .

LE PARTERRE:
C'est un lâche!

JODELET:
Il dut sortir!

LE PARTERRE:
Qu'il rentre!

LES UNS:
Non!

LES AUTRES:
Si!

UN JEUNE HOMME (*à Cyrano*):
Mais à la fin, monsieur, quelle raison
Avez-vous de haïr Montfleury?

CYRANO (*gracieux, toujours assis*):
Jeune oison,

J'ai deux raisons, dont chaque est suffisante seule.
Primo: c'est un acteur déplorable, qui gueule,
Et qui soulève avec des han! de porteur d'eau,
Le vers qu'il faut laisser s'envoler!—Secundo:
Est mon secret. . .

LE VIEUX BOURGEOIS (*derrière lui*):
Mais vous nous privez sans scrupule
De la Clorise! Je m'entête. . .

CYRANO (*tournant sa chaise vers le bourgeois, respecteusement*):
Vieille mule!
Les vers du vieux Baro valant moins que zéro,
J'interromps sans remords!

LES PRÉCIEUSES (*dans les loges*):
Ha!—Ho!—Notre Baro!
Ma chère!—Peut-on dire?. . .Ah! Dieu!. . .

CYRANO (*tournant sa chaise vers les loges, galant*):
Belles personnes,
Rayonnez, fleurissez, soyez des échansonnes
De rêve, d'un sourire enchantez un trépas,
Inspirez-nous des vers. . .mais ne les jugez pas!

BELLEROSE:
Et l'argent qu'il va falloir rendre!

CYRANO (*tournant sa chaise vers la scène*):
Bellerose,
Vous avez dit la seule intelligente chose!
Au manteau de Thespis je ne fais pas de trous:
(*Il se lève, et lançant un sac sur la scène*):
Attrapez cette bourse au vol, et taisez-vous!

LA SALLE (*éblouie*):
Ah!. . .Oh!. . .

JODELET (*ramassant prestement la bourse et la soupesant*):
A ce prix-là, monsieur, je t'autorise
A venir chaque jour empêcher la Clorise!. . .

LA SALLE
Hu!. . .Hu!. . .

JODELET:
Dussions-nous même ensemble être hués!. . .

BELLEROSE:
Il faut évacuer la salle!. . .

JODELET:
Évacuez!. . .
(*On commence à sortir, pendant que Cyrano regarde d'un air satisfait. Mais la foule s'arrête bientôt en entendant la scène suivante, et la sortie cesse. Les femmes qui, dans les loges, étaient déjà debout, leur manteau remis, s'arrêtent pour écouter, et finissent par se rasseoir.*)

LE BRET (*à Cyrano*):
C'est fou!. . .

UN FÂCHEUX (*qui s'est approché de Cyrano*):
Le comédien Montfleury! quel scandale!
Mais il est protégé par le duc de Candale!
Avez-vous un patron?

CYRANO:
Non!

LE FÂCHEUX:
Vous n'avez pas?. . .

CYRANO:
Non!

LE FÂCHEUX:
Quoi, pas un grand seigneur pour couvrir de son nom?. . .

CYRANO (*agacé*):
Non, ai-je dit deux fois. Faut-il donc que je trisse?
Non, pas de protecteur. . .
(*La main à son épée*):
mais une protectrice!

LE FÂCHEUX:
Mais vous allez quitter la ville?

CYRANO:
C'est selon.

LE FÂCHEUX:
Mais le duc de Candale a le bras long!

CYRANO:
Moins long
Que n'est le mien. . .
(*Montrant son épée*):
quand je lui mets cette rallonge!

LE FÂCHEUX:
Mais vous ne songez pas à prétendre. . .

CYRANO:
J'y songe.

LE FÂCHEUX:
Mais. . .

CYRANO:
Tournez les talons, maintenant.

LE FÂCHEUX:
Mais. . .

CYRANO:
Tournez!
—Ou dites-moi pourquoi vous regardez mon nez.

LE FÂCHEUX (*ahuri*):
Je. . .

CYRANO (*marchant sur lui*):
Qu'a-t-il d'étonnant?

LE FÂCHEUX (*reculant*):
Votre Grâce se trompe. . .

CYRANO:
Est-il mol et ballant, monsieur, comme une trompe?. . .

LE FÂCHEUX (*même jeu*):
Je n'ai pas. . .

CYRANO:
Ou crochu comme un bec de hibou?

LE FÂCHEUX:
Je. . .

CYRANO:
Y distingue-t-on une verrue au bout?

LE FÂCHEUX:
Mais. . .

CYRANO:
Ou si quelque mouche, à pas lents, s'y promène?
Qu'a-t-il d'hétéroclite?

LE FÂCHEUX:
Oh!. . .

CYRANO:
Est-ce un phénomène?

LE FÂCHEUX:
Mais d'y porter les yeux j'avais su me garder!

CYRANO:
Et pourquoi, s'il vous plaît, ne pas le regarder?

LE FÂCHEUX:
J'avais. . .

CYRANO:
Il vous dégoûte alors?

LE FÂCHEUX:
Monsieur. . .

CYRANO:
Malsaine
Vous semble sa couleur?

LE FÂCHEUX:
Monsieur!

CYRANO:
Sa forme, obscène?

LE FÂCHEUX:
Mais du tout!. . .

CYRANO:
Pourquoi donc prendre un air dénigrant?
—Peut-être que monsieur le trouve un peu trop grand?

LE FÂCHEUX (*balbutiant*):
Je le trouve petit, tout petit, minuscule!

CYRANO:
Hein? comment? m'accuser d'un pareil ridicule?
Petit, mon nez? Holà!

LE FÂCHEUX:
Ciel!

CYRANO:
Énorme, mon nez!
—Vil camus, sot camard, tête plate, apprenez
Que je m'enorgueillis d'un pareil appendice,
Attendu qu'un grand nez est proprement l'indice
D'un homme affable, bon, courtois, spirituel,
Libéral, courageux, tel que je suis, et tel
Qu'il vous est interdit à jamais de vous croire,
Déplorable maraud! car la face sans gloire

Que va chercher ma main en haut de votre col,
Est aussi dénuée. . .
(*Il le soufflette.*)

LE FÂCHEUX:
Aï!

CYRANO:
De fierté, d'envol,
De lyrisme, de pittoresque, d'étincelle,
De somptuosité, de Nez enfin, que celle. . .
(*Il se retourne par les épaules, joignant le geste à la parole*):
Que va chercher ma botte au bas de votre dos!

LE FÂCHEUX (*se sauvant*):
Au secours! A la garde!

CYRANO:
Avis donc aux badauds
Qui trouveraient plaisant mon milieu de visage,
Et si le plaisantin est noble, mon usage
Est de lui mettre, avant de le laisser s'enfuir,
Pas devant, et plus haut, du fer, et non du cuir!

DE GUICHE (*qui est descendu de la scène, avec les marquis*):
Mais à la fin il nous ennuie!

LE VICOMTE DE VALVERT (*haussant les épaules*):
Il fanfaronne!

DE GUICHE:
Personne ne va donc lui répondre?. . .

LE VICOMTE:
Personne?
Attendez! Je vais lui lancer un de ces traits!. . .
(*Il s'avance vers Cyrano qui l'observe, et se campant devant lui d'un air fat*):
Vous. . .vous avez un nez. . .heu. . .un nez. . .très grand.

CYRANO (*gravement*):
Très!

LE VICOMTE (*riant*):
Ha!

CYRANO (*imperturbable*):
C'est tout?. . .

LE VICOMTE:
Mais. . .

CYRANO:
Ah! non! c'est un peu court, jeune homme!
On pouvait dire. . .Oh! Dieu!. . .bien des choses en somme. . .
En variant le ton,—par exemple, tenez:
Agressif: "Moi, monsieur, si j'avais un tel nez
Il faudrait sur-le-champ que je me l'amputasse!"
Amical: "Mais il doit tremper dans votre tasse!
Pour boire, faites-vous fabriquer un hanap!"
Descriptif: "C'est un roc!. . .c'est un pic!. . .c'est un cap!
Que dis-je, c'est un cap?. . .C'est une péninsule!"
Curieux: "De quoi sert cette oblongue capsule?
D'écritoire, monsieur, ou de boîte à ciseaux?"
Gracieux: "Aimez-vous à ce point les oiseaux
Que paternellement vous vous préoccupâtes
De tendre ce perchoir à leur petites pattes?"
Truculent: "Ça, monsieur, lorsque vous pétunez,
La vapeur du tabac vous sort-elle du nez
Sans qu'un voisin ne crie au feu de cheminée?"
Prévenant: "Gardez-vous, votre tête entraînée
Par ce poids, de tomber en avant sur le sol!"
Tendre: "Faites-lui faire un petit parasol
De peur que sa couleur au soleil ne se fane!"
Pédant: "L'animal seul, monsieur, qu'Aristophane
Appelle Hippocampelephantocamélos
Dut avoir sous le front tant de chair sur tant d'os!"
Cavalier: 'Quoi, l'ami, ce croc est à la mode?
Pour pendre son chapeau, c'est vraiment très commode!'
Emphatique: "Aucun vent ne peut, nez magistral,
T'enrhumer tout entier, excepté le mistral!"
Dramatique: "C'est la Mer Rouge quand il saigne!"
Admiratif: "Pour un parfumeur, quelle enseigne!"
Lyrique: "Est-ce une conque, êtes-vous un triton?"
Naïf: "Ce monument, quand le visite-t-on?"
Respectueux: "Souffrez, monsieur, qu'on vous salue,
C'est là ce qui s'appelle avoir pignon sur rue!"
Campagnard: "Hé, ardé! C'est-y un nez? Nanain!
C'est queuqu'navet géant ou ben queuqu'melon nain!"

Militaire: "Pointez contre cavalerie!"
Pratique: "Voulez-vous le mettre en loterie?
Assurément, monsieur, ce sera le gros lot!"
Enfin, parodiant Pyrame en un sanglot:
"Le voilà donc ce nez qui des traits de son maître
A détruit l'harmonie! Il en rougit, le traître!"
—Voilà ce qu'à peu près, mon cher, vous m'auriez dit
Si vous aviez un peu de lettres et d'esprit:
Mais d'esprit, ô le plus lamentable des êtres,
Vous n'en eûtes jamais un atome, et de lettres
Vous n'avez que les trois qui forment le mot: sot!
Eussiez-vous eu, d'ailleurs, l'invention qu'il faut
Pour pouvoir là, devant ces nobles galeries,
Me servir toutes ces folles plaisanteries,
Que vous n'en eussiez pas articulé le quart
De la moitié du commencement d'une, car
Je me les sers moi-même, avec assez de verve,
Mais je ne permets pas qu'un autre me les serve.

DE GUICHE (*voulant emmener le vicomte pétrifié*):
Vicomte, laissez donc!

LE VICOMTE (*suffoqué*):
Ces grands airs arrogants!
Un hobereau qui. . .qui. . .n'a même pas de gants!
Et qui sort sans rubans, sans bouffettes, sans ganses!

CYRANO:
Moi, c'est moralement que j'ai mes élégances.
Je ne m'attife pas ainsi qu'un freluquet,
Mais je suis plus soigné si je suis moins coquet;
Je ne sortirais pas avec, par négligence,
Un affront pas très bien lavé, la conscience
Jaune encor de sommeil dans le coin de son œil,
Un honneur chiffonné, des scrupules en deuil.
Mais je marche sans rien sur moi qui ne reluise,
Empanaché d'indépendance et de franchise;
Ce n'est pas une taille avantageuse, c'est
Mon âme que je cambre ainsi qu'en un corset,
Et tout couvert d'exploits qu'en rubans je m'attache,
Retroussant mon esprit ainsi qu'une moustache,
Je fais, en traversant les groupes et les ronds,
Sonner les vérités comme des éperons.

LE VICOMTE:
Mais, monsieur. . .

CYRANO:
Je n'ai pas de gants?. . .la belle affaire!
Il m'en restait un seul. . .d'une très vieille paire!
—Lequel m'était d'ailleurs encor fort importun:
Je l'ai laissé dans la figure de quelqu'un.

LE VICOMTE:
Maraud, faquin, butor de pied plat ridicule!

CYRANO (*ôtant son chapeau et saluant comme si le vicomte venait de se présenter*):
Ah?. . .Et moi, Cyrano-Savinien-Hercule
De Bergerac.
(*Rires.*)

LE VICOMTE (*exaspéré*):
Bouffon!

CYRANO (*poussant un cri comme lorsqu'on est saisi d'une crampe*):
Ay!. . .

LE VICOMTE (*qui remontait, se retournant*):
Qu'est-ce encor qu'il dit?

CYRANO (*avec des grimaces de douleur*):
Il faut la remuer car elle s'engourdit. . .
—Ce que c'est que de la laisser inoccupée!—
Ay!. . .

LE VICOMTE:
Qu'avez-vous?

CYRANO:
J'ai des fourmis dans mon épée!

LE VICOMTE (*tirant la sienne*):
Soit!

CYRANO:
Je vais vous donner un petit coup charmant.

LE VICOMTE (*méprisant*):
Poète!. . .

CYRANO:
Oui, monsieur, poète! et tellement,
Qu'en ferraillant je vais—hop!—à l'improvisade,
Vous composer une ballade.

LE VICOMTE:
Une ballade?

CYRANO:
Vous ne vous doutez pas de ce que c'est, je crois?

LE VICOMTE
Mais. . .

CYRANO (*récitant comme une leçon*):
La ballade, donc, se compose de trois
Couplets de huit vers. . .

LE VICOMTE (*piétinant*):
Oh!

CYRANO (*continuant*):
Et d'un envoi de quatre. . .

LE VICOMTE:
Vous. . .

CYRANO:
Je vais tout ensemble en faire une et me battre,
Et vous toucher, monsieur, au dernier vers.

LE VICOMTE:
Non!

CYRANO:
Non?
(*Déclamant*):

Ballade du duel qu'en l'hôtel bourguignon
Monsieur de Bergerac eut avec un bélître!

LE VICOMTE:
Qu'est-ce que c'est que ça, s'il vous plaît?

CYRANO:
C'est le titre.

LA SALLE (*surexcitée au plus haut point*):
Place!—Très amusant!—Rangez-vous!—Pas de bruits!
(*Tableau. Cercle de curieux au parterre, les marquis et les officiers
mêlés aux bourgeois et aux gens du peuple; les pages grimpés sur des
épaules pour mieux voir. Toutes les femmes debout dans les loges. A
droite, De Guiche et ses gentilshommes. A gauche, Le Bret, Ragueneau,
Cuigy, etc.*)

CYRANO (*fermant une seconde les yeux*):
Attendez!. . .je choisis mes rimes. . .Là, j'y suis.
(*Il fait ce qu'il dit, à mesure*):
Je jette avec grâce mon feutre,
Je fais lentement l'abandon
Du grand manteau qui me calfeutre,
Et je tire mon espadon;
Élégant comme Céladon,
Agile comme Scaramouche,
Je vous préviens, cher Mirmydon,
Qu'à la fin de l'envoi je touche!
(*Premiers engagements de fer*):
Vous auriez bien dû rester neutre;
Où vais-je vous larder, dindon?. . .
Dans le flanc, sous votre maheutre?. . .
Au cœur, sous votre bleu cordon?. . .
—Les coquilles tintent, ding-don!
Ma pointe voltige: une mouche!
Décidément. . .c'est au bedon,
Qu'à la fin de l'envoi, je touche.
Il me manque une rime en eutre. . .
Vous rompez, plus blanc qu'amidon?
C'est pour me fournir le mot pleutre!
—Tac! je pare la pointe dont
Vous espériez me faire don;—
J'ouvre la ligne,—je la bouche. . .
Tiens bien ta broche, Laridon!
A la fin de l'envoi, je touche.
(*Il annonce solennellement*):

Envoi.

Prince, demande à Dieu pardon!

Je quarte du pied, j'escarmouche,

Je coupe, je feinte. . .

(*Se fendant*):

Hé! là, donc!

(*Le vicomte chancelle; Cyrano salue*):

A la fin de l'envoi, je touche!

(*Acclamations. Applaudissements dans les loges. Des fleurs et des mouchoirs tombent. Les officiers entourent et félicitent Cyrano. Ragueneau danse d'enthousiasme. Le Bret est heureux et navré. Les amis du vicomte le soutiennent et l'emmènent.*)

LA FOULE (*en un long cri*):

Ah!. . .

UN CHEVAU-LÉGER:

Superbe!

UNE FEMME:

Joli!

RAGUENEAU:

Pharamineux!

UN MARQUIS:

Nouveau!. . .

LE BRET:

Insensé!

BOUSCULADE (*autour de Cyrano. On entend*):

. . .Compliments!. . .félicite. . .bravo. . .

VOIX DE FEMME:

C'est un héros!. . .

UN MOUSQUETAIRE (*s'avançant vivement vers Cyrano, la main tendue*):

Monsieur, voulez-vous me permettre?. . .

C'est tout à fait très bien, et je crois m'y connaître;

J'ai du reste exprimé ma joie en trépignant!. . .

(*Il s'éloigne.*)

CYRANO (*à Cuigy*):
Comment s'appelle donc ce monsieur?

CUIGY:
D'Artagnan.

LE BRET (*à Cyrano, lui prenant le bras*):
Çà, causons!. . .

CYRANO:
Laisse un peu sortir cette cohue. . .
(*A Bellerose*):
Je peux rester?

BELLEROSE (*respecteusement*):
Mais oui!. . .
(*On entend des cris au dehors.*)

JODELET (*qui a regardé*):
C'est Montfleury qu'on hue!

BELLEROSE (*solennellement*):
Sic transit!. . .
(*Changeant de ton, au portier et au moucheur de chandelles*):
Balayez. Fermez. N'éteignez pas.
Nous allons revenir après notre repas,
Répéter pour demain une nouvelle farce.
(*Jodelet et Bellerose sortent, après de grands saluts à Cyrano.*)

LE PORTIER (*à Cyrano*):
Vous ne dînez donc pas?

CYRANO:
Moi?. . .Non.
(*Le portier se retire.*)

LE BRET (*à Cyrano*):
Parce que?

CYRANO (*fièrement*):
Parce. . .

(*Changeant de ton, en voyant que le portier est loin*):
Que je n'ai pas d'argent!...

LE BRET (*faisant le geste de lancer un sac*):
Comment! le sac d'écus?...

CYRANO:
Pension paternelle, en un jour, tu vécus!

LE BRET:
Pour vivre tout un mois, alors?...

CYRANO:
Rien ne me reste.

LE BRET:
Jeter ce sac, quelle sottise!

CYRANO:
Mais quel geste!...

LA DISTRIBUTRICE (*toussant derrière son petit comptoir*):
Hum!...
(*Cyrano et Le Bret se retournent. Elle s'avance intimidée*):
Monsieur...Vous savoir jeûner...le cœur me fend...
(*Montrant le buffet*):
J'ai là tout ce qu'il faut...
(*Avec élan*):
Prenez!

CYRANO (*se découvrant*):
Ma chère enfant,
Encor que mon orgeuil de Gascon m'interdise
D'accepter de vos doigts la moindre friandise,
J'ai trop peur qu'un refus ne vous soit un chagrin,
Et j'accepterai donc...
(*Il va au buffet et choisit*):
Oh! peu de chose!—un grain
De ce raisin...
(*Elle veut lui donner la grappe, il cueille un grain*):
Un seul!...ce verre d'eau...
(*Elle veut y verser du vin, il l'arrête*):
limpide!

—Et la moitié d'un macaron!
(*Il rend l'autre moitié.*)

LE BRET:
Mais c'est stupide!

LA DISTRIBUTRICE:
Oh! quelque chose encor!

CYRANO:
Oui. La main à baiser.
(*Il baise, comme la main d'une princesse, la main qu'elle lui tend.*)

LA DISTRIBUTRICE:
Merci, monsieur.
(*Révérence*):
Bonsoir.
(*Elle sort.*)

Scène 1.V.

Cyrano, Le Bret, puis le portier.

CYRANO (*à Le Bret*):
Je t'écoute causer.
(*Il s'installe devant le buffet et rangeant devant lui le macaron*):
Dîner!. . .
(. . .*le verre d'eau*):
Boisson!. . .
(. . .*le grain de raisin*):
Dessert!. . .
(*Il s'assied*):
Là, je me mets à table!
—Ah!. . .j'avais une faim, mon cher, épouvantable!
(*Mangeant*):
—Tu disais?

LE BRET:
Que ces fats aux grands airs belliqueux
Te fausseront l'esprit si tu n'écoutes qu'eux!. . .
Va consulter des gens de bon sens, et t'informe
De l'effet qu'a produit ton algarade.

CYRANO (*achevant son macaron*):
Énorme.

LE BRET:
Le Cardinal. . .

CYRANO (*s'épanouissant*):
Il était là, le Cardinal?

LE BRET:
A dû trouver cela. . .

CYRANO:
Mais très original.

LE BRET:
Pourtant. . .

CYRANO:
C'est un auteur. Il ne peut lui déplaire
Que l'on vienne troubler la pièce d'un confrère.

LE BRET:
Tu te mets sur les bras, vraiment, trop d'ennemis!

CYRANO (*attaquant son grain de raisin*):
Combien puis-je, à peu près, ce soir, m'en être mis?

LE BRET:
Quarante-huit. Sans compter les femmes.

CYRANO:
Voyons, compte!

LE BRET:
Montfleury, le bourgeois, de Guiche, le vicomte,
Baro, l'Académie. . .

CYRANO:
Assez! tu me ravis!

LE BRET:
Mais où te mènera la façon dont tu vis?
Quel système est le tien?

CYRANO:
J'errais dans un méandre;
J'avais trop de partis, trop compliqués, à prendre;
J'ai pris. . .

LE BRET:
Lequel?

CYRANO:
Mais le plus simple, de beaucoup.
J'ai décidé d'être admirable, en tout, pour tout!

LE BRET (*haussant les épaules*):
Soit!—Mais enfin, à moi, le motif de ta haine
Pour Montfleury, le vrai, dis-le-moi!

CYRANO (*se levant*):
Ce Silène,
Si ventru que son doigt n'atteint pas son nombril,
Pour les femmes encor se croit un doux péril,
Et leur fait, cependant qu'en jouant il bredouille,
Des yeux de carpe avec ses gros yeux de grenouille!. . .
Et je le hais depuis qu'il se permit, un soir,
De poser son regard, sur celle. . .Oh! j'ai cru voir
Glisser sur une fleur une longue limace!

LE BRET (*stupéfait*):
Hein? Comment? Serait-il possible?. . .

CYRANO (*avec un rire amer*):
Que j'aimasse?. . .
(*Changeant de ton et gravement*):
J'aime.

LE BRET:
Et peut-on savoir? tu ne m'as jamais dit?. . .

CYRANO:
Qui j'aime?. . .Réfléchis, voyons. Il m'interdit

Le rêve d'être aimé même par une laide,
Ce nez qui d'un quart d'heure en tous lieux me précède;
Alors, moi, j'aime qui?. . .Mais cela va de soi!
J'aime—mais c'est forcé!—la plus belle qui soit!

LE BRET:
La plus belle?. . .

CYRANO:
Tout simplement, qui soit au monde!
La plus brillante, la plus fine,
(*Avec accablement*):
la plus blonde!

LE BRET:
Eh! mon Dieu, quelle est donc cette femme?. . .

CYRANO:
Un danger
Mortel sans le vouloir, exquis sans y songer,
Un piège de nature, une rose muscade
Dans laquelle l'amour se tient en embuscade!
Qui connaît son sourire a connu le parfait.
Elle fait de la grâce avec rien, elle fait
Tenir tout le divin dans un geste quelconque,
Et tu ne saurais pas, Vénus, monter en conque,
Ni toi, Diane, marcher dans les grands bois fleuris,
Comme elle monte en chaise et marche dans Paris!. . .

LE BRET:
Sapristi! je comprends. C'est clair!

CYRANO:
C'est diaphane.

LE BRET:
Magdeleine Robin, ta cousine?

CYRANO:
Oui,—Roxane.

LE BRET:
Eh bien, mais c'est au mieux! Tu l'aimes? Dis-le-lui!
Tu t'es couvert de gloire à ses yeux aujourd'hui!

CYRANO:
Regarde-moi, mon cher, et dis quelle espérance
Pourrait bien me laisser cette protubérance!
Oh! je ne me fais pas d'illusion!—Parbleu,
Oui, quelquefois, je m'attendris, dans le soir bleu;
J'entre en quelque jardin où l'heure se parfume;
Avec mon pauvre grand diable de nez je hume
L'avril,—je suis des yeux, sous un rayon d'argent,
Au bras d'un cavalier, quelque femme, en songeant
Que pour marcher, à petits pas, dans de la lune,
Aussi moi j'aimerais au bras en avoir une,
Je m'exalte, j'oublie. . .et j'aperçois soudain
L'ombre de mon profil sur le mur du jardin!

LE BRET (*ému*):
Mon ami!. . .

CYRANO:
Mon ami, j'ai de mauvaises heures!
De me sentir si laid, parfois, tout seul. . .

LE BRET (*vivement, lui prenant la main*):
Tu pleures?

CYRANO:
Ah! non, cela, jamais! Non, ce serait trop laid,
Si le long de ce nez une larme coulait!
Je ne laisserai pas, tant que j'en serai maître,
La divine beauté des larmes se commettre
Avec tant de laideur grossière!. . .Vois-tu bien,
Les larmes, il n'est rien de plus sublime, rien,
Et je ne voudrais pas qu'excitant la risée,
Une seule, par moi, fût ridiculisée!. . .

LE BRET:
Va, ne t'attriste pas! L'amour n'est que hasard!

CYRANO (*secouant la tête*):
Non! J'aime Cléopâtre: ai-je l'air d'un César?
J'adore Bérénice: ai-je l'aspect d'un Tite?

LE BRET:
Mais ton courage! ton esprit!—Cette petite
Qui t'offrait là, tantôt, ce modeste repas,
Ses yeux, tu l'as bien vu, ne te détestaient pas!

CYRANO (*saisi*):
C'est vrai!

LE BRET:
Hé! bien! alors?. . .Mais, Roxane, elle-même,
Toute blême a suivi ton duel!

CYRANO:
Toute blême?

LE BRET:
Son cœur et son esprit déjà sont étonnés!
Ose, et lui parle, afin. . .

CYRANO:
Qu'elle me rie au nez?
Non!—C'est la seule chose au monde que je craigne!

LE PORTIER (*introduisant quelqu'un à Cyrano*):
Monsieur, on vous demande. . .

CYRANO (*voyant la duègne*):
Ah! mon Dieu! Sa duègne!

Scène 1.VI.

Cyrano, Le Bret, la duègne.

LA DUÈGNE (*avec un grand salut*):
De son vaillant cousin on désire savoir
Où l'on peut, en secret, le voir.

CYRANO (*bouleversé*):
Me voir?

LA DUÈGNE (*avec une révérence*):
Vous voir.
—On a des choses à vous dire.

CYRANO:
Des?. . .

LA DUÈGNE (*nouvelle révérence*):
Des choses!

CYRANO (*chancelant*):
Ah, mon Dieu!

LA DUÈGNE:
L'on ira, demain, aux primes roses
D'aurore,—ouïr la messe à Saint-Roch.

CYRANO (*se soutenant sur Le Bret*):
Ah! mon Dieu!

LA DUÈGNE:
En sortant,—où peut-on entrer, causer un peu?

CYRANO (*affolé*):
Où?. . .Je. . .mais. . .Ah! mon Dieu!. . .

LA DUÈGNE:
Dites vite.

CYRANO:
Je cherche!. . .

LA DUÈGNE:
Où?

CYRANO:
Chez. . .chez. . .Ragueneau. . .le pâtissier. . .

LA DUÈGNE:
Il perche?

CYRANO:
Dans la rue—Ah! mon Dieu, mon Dieu!—Saint-Honoré!

LA DUÈGNE (*remontant*):
On ira. Soyez-y. Sept heures.

CYRANO:
J'y serai.
(*La duègne sort.*)

Scène 1.VII.

Cyrano, Le Bret, puis les comédiens, les comédiennes, Cuigy, Brissaille,

Lignière, le portier, les violons.

CYRANO (*tombant dans les bras de Le Bret*):
Moi!. . .D'elle!. . .Un rendez-vous!. . .

LE BRET:
Eh bien! tu n'es plus triste?

CYRANO:
Ah! pour quoi que ce soit, elle sait que j'existe!

LE BRET:
Maintenant, tu vas être calme?

CYRANO (*hors de lui*):
Maintenant. . .
Mais je vais être frénétique et fulminant!
Il me faut une armée entière a déconfire!
J'ai dix cœurs; j'ai vingt bras; il ne peut me suffire
De pourfendre des nains. . .
(*Il crie à tue-tête*):
Il me faut des géants!
(*Depuis un moment, sur la scène, au fond, des ombres de comédiens et de comédiennes s'agitent, chuchotent: on commence à répéter. Les violons ont repris leur place.*)

UNE VOIX (*de la scène*):
Hé! pst! là-bas! Silence! on répète céans!

CYRANO (*riant*):
Nous partons!
(*Il remonte; par la grande porte du fond; entrent Cuigy, Brissaille, plusieurs officiers, qui soutiennent Lignière complètement ivre.*)

CUIGY:
Cyrano!

CYRANO:
Qu'est-ce?

CUIGY:
Une énorme grive
Qu'on t'apporte!

CYRANO (*le reconnaissant*):
Lignière!. . .Hé, qu'est-ce qui t'arrive?

CUIGY:
Il te cherche!

BRISSAILLE:
Il ne peut rentrer chez lui!

CYRANO:
Pourquoi?

LIGNIÈRE (*d'une voix pâteuse, lui montrant un billet tout chiffonné*):
Ce billet m'avertit. . .cent hommes contre moi. . .
A cause de. . .chanson. . .grand danger me menace. . .
Porte de Nesle. . .Il faut, pour rentrer, que j'y passe. . .
Permets-moi donc d'aller coucher sous. . .sous ton toit!

CYRANO:
Cent hommes, m'as-tu dit? Tu coucheras chez toi!

LIGNIÈRE (*épouvanté*):
Mais. . .

CYRANO (*d'une voix terrible, lui montrant la lanterne allumée que le portier balance en écoutant curieusement cette scène*):

Prends cette lanterne!. . .
(*Lignière saisit précipitamment la lanterne*):
Et marche!—Je te jure
Que c'est moi qui ferai ce soir ta couverture!. . .
(*Aux officiers*):
Vous, suivez à distance, et vous serez témoins!

CUIGY:
Mais cent hommes!. . .

CYRANO:
Ce soir, il ne m'en faut pas moins!
(*Les comédiens et les comédiennes, descendus de scène, se sont rapprochés dans leurs divers costumes.*)

LE BRET:
Mais pourquoi protéger. . .

CYRANO:
Voilà Le Bret qui grogne!

LE BRET:
Cet ivrogne banal?. . .

CYRANO (*frappant sur l'épaule de Lignière*):
Parce que cet ivrogne,
Ce tonneau de muscat, ce fût de rossoli,
Fit quelque chose un jour de tout à fait joli:
Au sortir d'une messe ayant, selon le rite,
Vu celle qu'il aimait prendre de l'eau bénite,
Lui que l'eau fait sauver, courut au bénitier,
Se pencha sur sa conque et le but tout entier!. . .

UNE COMÉDIENNE (*en costume de soubrette*):
Tiens, c'est gentil, cela!

CYRANO:
N'est-ce pas, la soubrette?

LA COMÉDIENNE (*aux autres*):
Mais pourquoi sont-ils cent contre un pauvre poète?

CYRANO:
Marchons!
(*Aux officiers*):
Et vous, messieurs, en me voyant charger,
Ne me secondez pas, quel que soit le danger!

UNE AUTRE COMÉDIENNE (*sautant de la scène*):
Oh! mais, moi, je vais voir!

CYRANO:
Venez!. . .

UNE AUTRE (*sautant aussi, à un vieux comédien*):
Viens-tu, Cassandre?. . .

CYRANO:
Venez tous, le Docteur, Isabelle, Léandre,
Tous! Car vous allez joindre, essaim charmant et fol,
La farce italienne à ce drame espagnol,
Et, sur son ronflement tintant un bruit fantasque,
L'entourer de grelots comme un tambour de basque!. . .

TOUTES LES FEMMES (*sautant de joie*):
Bravo!—Vite, une mante!—Un capuchon!

JODELET:
Allons!

CYRANO (*aux violons*):
Vous nous jouerez un air, messieurs les violons!
(*Les violons se joignent au cortège qui se forme. On s'empare des chandelles allumées de la rampe et on se les distribue. Cela devient une retraite aux flambeaux*):
Bravo! des officiers, des femmes en costume,
Et, vingt pas en avant. . .
(*Il se place comme il dit*):
Moi, tout seul, sous la plume
Que la gloire elle-même à ce feutre piqua,
Fier comme un Scipion triplement Nasica!. . .
—C'est compris? Défendu de me prêter main-forte!—
On y est?. . .Un, deux, trois! Portier, ouvre la porte!
(*Le portier ouvre à deux battants. Un coin du vieux Paris pittoresque et lunaire paraît*):
Ah!. . .Paris fuit, nocturne et quasi nébuleux;

Le clair de lune coule aux pentes des toits bleus;
Un cadre se prépare, exquis, pour cette scène;
Là-bas, sous des vapeurs en écharpe, la Seine,
Comme un mystérieux et magique miroir,
Tremble. . .Et vous allez voir ce que vous allez voir!

TOUS:
A la porte de Nesle!

CYRANO (*debout sur le seuil*):
A la porte de Nesle!
(*Se retournant avant de sortir, à la soubrette*):
Ne demandiez-vous pas pourquoi, mademoiselle,
Contre ce seul rimeur cent hommes furent mis?
(*Il tire l'épée et, tranquillement*):
C'est parce qu'on savait qu'il est de mes amis!
(*Il sort. Le cortège,—Lignière zigzaguant en tête,—puis les comédiennes aux bras des officiers,—puis les comédiens gambadant,—se met en marche dans la nuit au son des violons, et à la lueur falote des chandelles.*)

Rideau.

Acte II.

La Rôtisserie Des Poètes.

La boutique de Ragueneau, rôtisseur-pâtissier, vaste ouvroir au coin de la rue Saint-Honoré et de la rue de l'Arbre-Sec qu'on aperçoit largement au fond, par le vitrage de la porte, grises dans les premières lueurs de l'aube.

À gauche, premier plan, comptoir surmonté d'un dais en fer forgé, auquel sont accrochés des oies, des canards, des paons blancs. Dans de grands vases de faïence de hauts bouquets de fleurs naïves, principalement des tournesols jaunes. Du même côté, second plan, immense cheminée devant laquelle, entre de monstrueux chenets, dont chacun supporte une petite marmite, les rôtis pleurent dans les lèchefrites.

À droite, premier plan avec porte. Deuxième plan, un escalier montant à une petite salle en soupente, dont on aperçoit l'intérieur par des volets ouverts; une table y est dressée, un menu lustre flamand y luit: c'est un réduit où l'on va manger et boire. Une galerie de bois, faisant suite à l'escalier, semble mener à d'autres petites salles analogues.

Au milieu de la rôtisserie, un cercle en fer que l'on peut faire descendre avec une corde, et auquel de grosses pièces sont accrochées, fait un lustre de gibier.

Les fours, dans l'ombre, sous l'escalier, rougeoient. Des cuivres étincellent. Des broches tournent. Des pièces montées pyramident, des jambons pendent. C'est le coup de feu matinal. Bousculade de marmitons effarés, d'énormes cuisiniers et de minuscules gâte-sauces. Foisonnement de bonnets à plume de poulet ou à aile de pintade. On apporte, sur des plaques de tôle et des clayons d'osier, des quinconces de brioches, des villages de petits-fours.

Des tables sont couvertes de gâteaux et de plats. D'autres, entourées de chaises, attendent les mangeurs et les buveurs. Une plus petite, dans un coin, disparaît sous les papiers. Ragueneau y est assis au lever du rideau; il écrit.

Scène 2.I.

Ragueneau, pâtissiers, puis Lise; Ragueneau, à la petite table, écrivant d'un air inspiré, et comptant sur ses doigts.

PREMIER PATISSIER (*apportant une pièce montée*):
Fruits en nougat!

DEUXIÈME PATISSIER (*apportant un plat*):
Flan!

TROISIÈME PATISSIER (*apportant un rôti paré de plumes*):
Paon!

QUATRIÈME PATISSIER (*apportant une plaque de gâteaux*):
Roinsoles!

CINQUIÈME PATISSIER (*apportant une sorte de terrine*):
Bœuf en daube!

RAGUENEAU (*cessant d'écrire et levant la tête*):
Sur les cuivres, déjà, glisse l'argent de l'aube!
Étouffe en toi le dieu qui chante, Ragueneau!
L'heure du luth viendra,—c'est l'heure du fourneau!
(*Il se lève. A un cuisinier*):
Vous, veuillez m'allonger cette sauce, elle est courte!

LE CUISINIER:
De combien?

RAGUENEAU:
De trois pieds.
(*Il passe.*)

LE CUISINIER:
Hein?

PREMIER PATISSIER:
La tarte!

DEUXIÈME PATISSIER:
La tourte!

RAGUENEAU (*devant la cheminée*):
Ma Muse, éloigne-toi, pour que tes yeux charmants
N'aillent pas se rougir au feu de ces sarments!
(*A un pâtissier, lui montrant des pains*):
Vous avez mal placé la fente de ces miches:
Au milieu la césure,—entre les hémistiches!
(*A un autre, lui montrant un pâté inachevé*):
A ce palais de croûte, il faut, vous, mettre un toit. . .
(*A un jeune apprenti, qui, assis par terre, embroche des volailles*):
Et toi, sur cette broche interminable, toi,
Le modeste poulet et la dinde superbe,
Alterne-les, mon fils, comme le vieux Malherbe
Alternait les grands vers avec les plus petits,
Et fais tourner au feu des strophes de rôtis!

UN AUTRE APPRENTI (*s'avançant avec un plateau recouvert d'une assiette*):
Maître, en pensant à vous, dans le four, j'ai fait cuire
Ceci, qui vous plaira, je l'espère.
(*Il découvre le plateau, on voit une grande lyre de pâtisserie.*)

RAGUENEAU (*ébloui*):
Une lyre!

L'APPRENTI:
En pâte de brioche.

RAGUENEAU (*ému*):
Avec des fruits confits!
L'APPRENTI:
Et les cordes, voyez, en sucre je les fis.

RAGUENEAU (*lui donnant de l'argent*):
Va boire à ma santé!
(*Apercevant Lise qui entre*):
Chut! ma femme! Circule,
Et cache cet argent!
(*A Lise, lui montrant la lyre d'un air gêné*):
C'est beau?

LISE:
C'est ridicule!
(*Elle pose sur le comptoir une pile de sacs en papier.*)

RAGUENEAU:
Des sacs?. . .Bon. Merci.
(*Il les regarde*):
Ciel! Mes livres vénérés!
Les vers de mes amis! déchirés! démembrés!
Pour en faire des sacs à mettre des croquantes. . .
Ah! vous renouvelez Orphée et les bacchantes!

LISE (*sèchement*):
Et n'ai-je pas le droit d'utiliser vraiment
Ce que laissent ici, pour unique paiement,
Vos méchants écriveurs de lignes inégales!

RAGUENEAU:
Fourmi!. . .n'insulte pas ces divines cigales!

LISE:
Avant de fréquenter ces gens-là, mon ami,
Vous ne m'appeliez pas bacchante,—ni fourmi!

RAGUENEAU:
Avec des vers, faire cela!

LISE:
Pas autre chose.

RAGUENEAU:
Que faites-vous, alors, madame, avec la prose?

Scène 2.II.

Les mêmes, deux enfants, qui viennent d'entrer dans la pâtisserie.

RAGUENEAU:
Vous désirez, petits?

PREMIER ENFANT:
Trois pâtés.

RAGUENEAU (*les servant*):
Là, bien roux. . .
Et bien chauds.

DEUXIÈME ENFANT:
S'il vous plaît, enveloppez-les-nous?

RAGUENEAU (*saisi, à part*):
Hélas! un de mes sacs!
(*Aux enfants*):
Que je les enveloppe?. . .
(*Il prend un sac et au moment d'y mettre les pâtés, il lit*):
Tel Ulysse, le jour qu'il quitta Pénélope. . .
Pas celui-ci!. . .
(*Il le met de côté et en prend un autre. Au moment d'y mettre les pâtés, il lit*):
Le blond Phœbus. . . Pas celui-là!
(*Même jeu.*)

LISE (*impatientée*):
Eh bien! qu'attendez-vous?

RAGUENEAU:
Voilà, voilà, voilà!
(*Il en prend un troisième et se résigne*):
Le sonnet à Philis!. . .mais c'est dur tout de même!

LISE:
C'est heureux qu'il se soit décidé!
(*Haussant les épaules*):
Nicodème!
(*Elle monte sur une chaise et se met à ranger des plats sur une crédence.*)

RAGUENEAU (*profitant de ce qu'elle tourne le dos, rappelle les enfants déjà à la porte*):
Pst!. . .Petits!. . .Rendez-moi le sonnet à Philis,
Au lieu de trois pâtés je vous en donne six.
(*Les enfants lui rendent le sac, prennent vivement les gâteaux et sortent. Ragueneau, défripant le papier, se met à lire en déclamant*):
Philis!. . . Sur ce doux nom, une tache de beurre!. . .
Philis!. . .
(*CYRANO entre brusquement.*)

Scène 2.III.

Ragueneau, Lise, Cyrano, puis le mousquetaire.

CYRANO:
Quelle heure est-il?

RAGUENEAU (*le saluant avec empressement*):
Six heures.

CYRANO (*avec émotion*):
Dans une heure!
(*Il va et vient dans la boutique.*)

RAGUENEAU (*le suivant*):
Bravo! J'ai vu. . .

CYRANO:
Quoi donc!

RAGUENEAU:
Votre combat!. . .

CYRANO:
Lequel?

RAGUENEAU:
Celui de l'hôtel de Bourgogne!

CYRANO (*avec dédain*):
Ah!. . .Le duel!

RAGUENEAU (*admiratif*):
Oui, le duel en vers!. . .

LISE:
Il en a plein la bouche!

CYRANO:
Allons! tant mieux!

RAGUENEAU (*se fendant avec une broche qu'il a saisi*):
A la fin de l'envoi, je touche!. . .
A la fin de l'envoi, je touche!. . .Que c'est beau!
(*Avec un enthousiasme croissant*):
A la fin de l'envoi. . .

CYRANO:
Quelle heure, Ragueneau?

RAGUENEAU (*restant fendu pour regarder l'horloge*):
Six heures cinq!. . .. . .je touche!
(*Il se relève*):
. . .Oh! faire une ballade!

LISE (*à Cyrano, qui en passant devant son comptoir lui a serré distraitement la main*):
Qu'avez-vous à la main?

CYRANO:
Rien. Une estafilade.

RAGUENEAU:
Courûtes-vous quelque péril?

CYRANO:
Aucun péril.

LISE (*le menaçant du doigt*):
Je crois que vous mentez!

CYRANO:
Mon nez remuerait-il?
Il faudrait que ce fût pour un mensonge énorme!
(*Changeant de ton*):
J'attends ici quelqu'un. Si ce n'est pas sous l'orme,
Vous nous laisserez seuls.

RAGUENEAU:
C'est que je ne peux pas;
Mes rimeurs vont venir. . .

LISE (*ironique*):
Pour leur premier repas.

CYRANO:
Tu les éloigneras quand je te ferai signe. . .
L'heure?

RAGUENEAU:
Six heures dix.

CYRANO (*s'asseyant nerveusement à la table de Ragueneau et prenant du papier*):
Une plume?. . .

RAGUENEAU (*lui offrant celle qu'il a à son oreille*):
De cygne.

UN MOUSQUETAIRE (*superbement moustachu, entre et d'une voix de stentor*):
Salut!
(*Lise remonte vivement vers lui.*)

CYRANO (*se retournant*):
Qu'est-ce?

RAGUENEAU:
Un ami de ma femme. Un guerrier
Terrible,—à ce qu'il dit!. . .

CYRANO (*reprenant la plume et éloignant du geste Ragueneau*):
Chut!. . .
Écrire,—plier,—
(*A lui-même*):
Lui donner,—me sauver. . .
(*Jetant la plume*):
Lâche!. . .Mais que je meure,
Si j'ose lui parler, lui dire un seul mot. . .
(*A Ragueneau*):
L'heure?

RAGUENEAU:
Six et quart!. . .

CYRANO (*frappant sa poitrine*):
—un seul mot de tous ceux que j'ai là!
Tandis qu'en écrivant. . .
(*Il reprend la plume*):
Eh bien! écrivons-la,
Cette lettre d'amour qu'en moi-même j'ai faite
Et refaite cent fois, de sorte qu'elle est prête,
Et que mettant mon âme à côté du papier,
Je n'ai tout simplement qu'à la recopier.
(*Il écrit.—Derrière le vitrage de la porte on voit s'agiter des silhouettes maigres et hésitantes.*)

Scène 2.IV.

Ragueneau, Lise, le mousquetaire, Cyrano, à la petite table, écrivant, les poètes, vêtus de noir, les bas tombants, couverts de boue.

LISE (*entrant, à Ragueneau*):
Les voici vos crottés!

PREMIER POÈTE (*entrant, à Ragueneau*):
Confrère!. . .

DEUXIÈME POÈTE (*de même, lui secouant les mains*):
Cher confrère!

TROISIÈME POÈTE:
Aigle des pâtissiers!
(*Il renifle*):
Ça sent bon dans votre aire,

QUATRIÈME POÈTE:
O Phœbus-Rôtisseur!

CINQUIÈME POÈTE:
Apollon maître-queux!. . .

RAGUENEAU (*entouré, embrassé, secoué*):
Comme on est tout de suite à son aise avec eux!. . .

PREMIER POÈTE:
Nous fûmes retardés par la foule attroupée
A la porte de Nesle!. . .

DEUXIÈME POÈTE:
Ouverts à coups d'épée,
Huit malandrins sanglants illustraient les pavés!

CYRANO (*levant une seconde la tête*):
Huit?. . .Tiens, je croyais sept.
(*Il reprend sa lettre.*)

RAGUENEAU (*à Cyrano*):
Est-ce que vous savez
Le héros du combat?

CYRANO (*négligemment*):
Moi?. . .Non!

LISE (*au mousquetaire*):
Et vous?

LE MOUSQUETAIRE (*se frisant la moustache*):
Peut-être!

CYRANO (*écrivant, à part,—on l'entend murmurer de temps en temps*):
Je vous aime. . .

PREMIER POÈTE:
Un seul homme, assurait-on, sut mettre
Toute une bande en fuite!. . .

DEUXIÈME POÈTE:
Oh! c'etait curieux!
Des piques, des bâtons jonchaient le sol!. . .

CYRANO (*écrivant*):
. . .vos yeux. . .

TROISIÈME POÈTE:
On trouvait des chapeaux jusqu'au quai des Orfèvres!

PREMIER POÈTE:
Sapristi! ce dut être un féroce. . .

CYRANO (*même jeu*):
. . .vos lèvres. . .

PREMIER POÈTE:
Un terrible géant, l'auteur de ces exploits!

CYRANO (*même jeu*):
. . .Et je m'évanouis de peur quand je vous vois.

DEUXIÈME POÈTE (*happant un gâteau*):
Qu'as-tu rimé de neuf, Ragueneau?

CYRANO (*même jeu*):
. . .qui vous aime. . .
(*Il s'arrête au moment de signer, et se lève, mettant sa lettre dans son pourpoint*):
Pas besoin de signer. Je la donne moi-même.

RAGUENEAU (*au deuxième poète*):
J'ai mis une recette en vers.

TROISIÈME POÈTE (*s'installant près d'un plateau de choux à la crème*):
Oyons ces vers!

QUATRIÈME POÈTE (*regardant une brioche qu'il a prise*):
Cette brioche a mis son bonnet de travers.
(*Il la décoiffe d'un coup de dent.*)

PREMIER POÈTE:
Ce pain d'épice suit le rimeur famélique,
De ses yeux en amande aux sourcils d'angélique!
(*Il happe le morceau de pain d'épice.*)

DEUXIÈME POÈTE:
Nous écoutons.

TROISIÈME POÈTE (*serrant légèrement un chou entre ses doigts*):
Ce chou bave sa crème. Il rit.

DEUXIÈME POÈTE (*mordant à même la grande lyre de pâtisserie*):
Pour la première fois la Lyre me nourrit!

RAGUENEAU (*qui s'est préparé à réciter, qui a toussé, assuré son bonnet, pris une pose*):
Une recette en vers. . .

DEUXIÈME POÈTE (*au premier, lui donnant un coup de coude*):
Tu déjeunes?

PREMIER POÈTE (*au deuxième*):
Tu dînes!

RAGUENEAU:
Comment on fait les tartelettes amandines.
Battez, pour qu'ils soient mousseux,
Quelques œufs;
Incorporez à leur mousse
Un jus de cédrat choisi;
Versez-y
Un bon lait d'amande douce;
Mettez de la pâte à flan
Dans le flanc
De moules à tartelette;
D'un doigt preste, abricotez
Les côtés;
Versez goutte à gouttelette
Votre mousse en ces puits, puis
Que ces puits
Passent au four, et, blondines,
Sortant en gais troupelets,
Ce sont les
Tartelettes amandines!

LES POÈTES (*la bouche pleine*):
Exquis! Délicieux!

UN POÈTE (*s'étouffant*):
Homph!
(*Ils remontent vers le fond, en mangeant.*)

CYRANO (*qui a observé s'avance vers Ragueneau*):
Bercés par ta voix,
Ne vois-tu pas comme ils s'empiffrent?

RAGUENEAU (*plus bas, avec un sourire*):
Je le vois. . .
Sans regarder, de peur que cela ne les trouble;
Et dire ainsi mes vers me donne un plaisir double,
Puisque je satisfais un doux faible que j'ai
Tout en laissant manger ceux qui n'ont pas mangé!

CYRANO (*lui frappant sur l'épaule*):
Toi, tu me plais!. . .
(*Ragueneau va rejoindre ses amis. Cyrano le suit des yeux, puis, un peu*)

brusquement):
Hé là, Lise?
(*Lise, en conversation tendre avec le mousquetaire, tressaille et descend vers Cyrano*):
Ce capitaine. . .
Vous assiège?

LISE (*offensée*):
Oh! mes yeux, d'une œillade hautaine,
Savent vaincre quiconque attaque mes vertus.

CYRANO:
Euh! pour des yeux vainqueurs, je les trouve battus.

LISE (*suffoquée*):
Mais. . .

CYRANO (*nettement*):
Ragueneau me plaît. C'est pourquoi, dame Lise,
Je défends que quelqu'un le ridicoculise.

LISE:
Mais. . .

CYRANO (*qui a élevé la voix assez pour être entendu du galant*):
A bon entendeur. . .
(*Il salue le mousquetaire, et va se mettre en observation, à la porte du fond, après avoir regardé l'horloge.*)

LISE (*au mousquetaire qui a simplement rendu son salut à Cyrano*):
Vraiment, vous m'étonnez!. . .
Répondez. . .sur son nez. . .

LE MOUSQUETAIRE:
Sur son nez. . .sur son nez. . .
(*Il s'éloigne vivement, Lise le suit.*)

CYRANO (*de la porte du fond, faisant signe à Ragueneau d'emmener les poètes*):
Pst!. . .

RAGUENEAU (*montrant aux poètes la porte de droite*):
Nous serons bien mieux par là. . .

CYRANO (*s'impatientant*):
Pst! pst!. . .

RAGUENEAU (*les entraînant*):
Pour lire
Des vers. . .

PREMIER POÈTE (*désespéré, la bouche pleine*):
Mais les gâteaux!. . .

DEUXIÈME POÈTE:
Emportons-les!
(*Ils sortent tous derrière Ragueneau, processionellement, et après avoir fait une râfle de plateaux.*)

Scène 2.V.

Cyrano, Roxane, la duègne.

CYRANO:
Je tire
Ma lettre si je sens seulement qu'il y a
Le moindre espoir!. . .
(*Roxane, masquée, suivie de la duègne, paraît derrière le vitrage. Il ouvre vivement la porte*):
Entrez!. . .
(*Marchant sur la duègne*):
Vous, deux mots, duègna!

LA DUÈGNE:
Quatre.

CYRANO:
Êtes-vous gourmande?

LA DUÈGNE:
A m'en rendre malade.

CYRANO (*prenant vivement des sacs de papier sur le comptoir*):
Bon. Voici deux sonnets de monsieur Benserade. . .

LA DUÈGNE (*piteuse*):
Heu!. . .

CYRANO:
. . .que je vous remplis de darioles.

LA DUÈGNE (*changeant de figure*):
Hou!

CYRANO:
Aimez-vous le gâteau qu'on nomme petit chou?

LA DUÈGNE (*avec dignité*):
Monsieur, j'en fais état, lorsqu'il est à la crème.

CYRANO:
J'en plonge six pour vous dans le sein d'un poème
De Saint-Amant! Et dans ces vers de Chapelain
Je dépose un fragment, moins lourd, de poupelin.
—Ah! Vous aimez les gâteaux frais?

LA DUÈGNE:
J'en suis férue!

CYRANO (*lui chargeant les bras de sacs remplis*):
Veuillez aller manger tous ceux-ci dans la rue.

LA DUÈGNE:
Mais. . .

CYRANO (*la poussant dehors*):
Et ne revenez qu'après avoir fini!
(*Il referme la porte, redescend vers Roxane, et s'arrête, découvert, à
une distance respectueuse.*)

Scène 2.VI.

Cyrano, Roxane, la duègne, un instant.

CYRANO:
Que l'instant entre tous les instants soit béni,
Où, cessant d'oublier qu'humblement je respire
Vous venez jusqu'ici pour me dire. . .me dire?. . .

ROXANE (*qui s'est démasquée*):
Mais tout d'abord merci, car ce drôle, ce fat
Qu'au brave jeu d'épée, hier, vous avez fait mat,
C'est lui qu'un grand seigneur. . .épris de moi. . .

CYRANO:
De Guiche?

ROXANE (*baissant les yeux*):
Cherchait à m'imposer . . .comme mari. . .

CYRANO:
Postiche?
(*Saluant*):
Je me suis donc battu, madame, et c'est tant mieux,
Non pour mon vilain nez, mais bien pour vos beaux yeux.

ROXANE:
Puis. . .je voulais. . .Mais pour l'aveu que je viens faire,
Il faut que je revoie en vous le. . .presque frère,
Avec qui je jouais, dans le parc—près du lac!. . .

CYRANO:
Oui. . .vous veniez tous les étés à Bergerac!

ROXANE:
Les roseaux fournissaient le bois pour vos épées?. . .

CYRANO:
Et les maïs, les cheveux blonds pour vos poupées!

ROXANE:
C'était le temps des jeux. . .

CYRANO:
Des mûrons aigrelets. . .

ROXANE:
Le temps où vous faisiez tout ce que je voulais!. . .

CYRANO:
Roxane, en jupons courts, s'appelait Madeleine. . .

ROXANE:
J'étais jolie, alors?

CYRANO:
Vous n'étiez pas vilaine.

ROXANE:
Parfois, la main en sang de quelque grimpement,
Vous accouriez!—Alors, jouant à la maman,
Je disais d'une voix qui tâchait d'être dure:
(*Elle lui prend la main*):
'Qu'est-ce que c'est encor que cette égratignure?'
(*Elle s'arrête stupéfaite*):
Oh! C'est trop fort! Et celle-ci!
(*Cyrano veut retirer sa main*):
Non! Montrez-la!
Hein? à votre âge, encor!—Où t'es-tu fait cela?

CYRANO:
En jouant, du côté de la porte de Nesle.

ROXANE (*s'asseyant à une table, et trempant son mouchoir dans un verre d'eau*):
Donnez!

CYRANO (*s'asseyant aussi*):
Si gentiment! Si gaiement maternelle!

ROXANE:
Et, dites-moi,—pendant que j'ôte un peu le sang,—
Ils étaient contre vous?

CYRANO:
Oh! pas tout à fait cent.

ROXANE:
Racontez!

CYRANO:
Non. Laissez. Mais vous, dites la chose
Que vous n'osiez tantôt me dire. . .

ROXANE (*sans quitter sa main*):
A présent, j'ose,
Car le passé m'encouragea de son parfum!
Oui, j'ose maintenant. Voilà. J'aime quelqu'un.

CYRANO:
Ah!. . .

ROXANE:
Qui ne le sait pas d'ailleurs.

CYRANO:
Ah!. . .

ROXANE:
Pas encore.

CYRANO:
Ah!. . .

ROXANE:
Mais qui va bientôt le savoir, s'il l'ignore.

CYRANO:
Ah!. . .

ROXANE:
Un pauvre garçon qui jusqu'ici m'aima
Timidement, de loin, sans oser le dire. . .

CYRANO:
Ah!. . .

ROXANE:
Laissez-moi votre main, voyons, elle a la fièvre.—
Mais moi, j'ai vu trembler les aveux sur sa lèvre.

CYRANO:
Ah!. . .

ROXANE (*achevant de lui faire un petit bandage avec son mouchoir*):
Et figurez-vous, tenez, que, justement
Oui, mon cousin, il sert dans votre régiment!

CYRANO:
Ah!. . .

ROXANE (*riant*):
Puisqu'il est cadet dans votre compagnie!

CYRANO:
Ah!. . .

ROXANE:
Il a sur son front de l'esprit, du génie,
Il est fier, noble, jeune, intrépide, beau. . .

CYRANO (*se levant tout pâle*):
Beau!

ROXANE:
Quoi? Qu'avez-vous?

CYRANO:
Moi, rien. . .C'est. . .c'est. . .
(*Il montre sa main, avec un sourire*):
C'est ce bobo.

ROXANE:
Enfin, je l'aime. Il faut d'ailleurs que je vous die
Que je ne l'ai jamais vu qu'à la Comédie. . .

CYRANO:
Vous ne vous êtes donc pas parlé?

ROXANE:
Nos yeux seuls.

CYRANO:
Mais comment savez-vous, alors?

ROXANE:
Sous les tilleuls
De la place Royale, on cause. . .Des bavardes
M'ont renseignée. . .

CYRANO:
Il est cadet?

ROXANE:
Cadet aux gardes.

CYRANO:
Son nom?

ROXANE:
Baron Christian de Neuvillette.

CYRANO:
Hein?. . .
Il n'est pas aux cadets.

ROXANE:
Si, depuis ce matin:
Capitaine Carbon de Castel-Jaloux.

CYRANO:
Vite,
Vite, on lance son cœur!. . .Mais, ma pauvre petite. . .

LA DUÈGNE (*ouvrant la porte du fond*):
J'ai fini les gâteaux, monsieur de Bergerac!

CYRANO:
Eh bien! lisez les vers imprimés sur le sac!
(*La duègne disparaît*):
. . .Ma pauvre enfant, vous qui n'aimez que beau langage,
Bel esprit,—si c'était un profane, un sauvage.

ROXANE:
Non, il a les cheveux d'un héros de d'Urfe!

CYRANO:
S'il était aussi maldisant que bien coiffé!

ROXANE:
Non, tous les mots qu'il dit sont fins, je le devine!

CYRANO:
Oui, tous les mots sont fins quand la moustache est fine.
—Mais si c'était un sot!. . .

ROXANE (*frappant du pied*):
Eh bien! j'en mourrais, là!

CYRANO (*après un temps*):
Vous m'avez fait venir pour me dire cela?
Je n'en sens pas très bien l'utilité, madame.

ROXANE:
Ah, c'est que quelqu'un hier m'a mis la mort dans l'âme,
Et me disant que tous, vous êtes tous Gascons
Dans votre compagnie. . .

CYRANO:
Et que nous provoquons
Tous les blancs-becs qui, par faveur, se font admettre
Parmis les purs Gascons que nous sommes, sans l'être?
C'est ce qu'on vous a dit?

ROXANE:
Et vous pensez si j'ai
Tremblé pour lui!

CYRANO (*entre ses dents*):
Non sans raison!

ROXANE:
Mais j'ai songé
Lorsque invincible et grand, hier, vous nous apparûtes,
Châtiant ce coquin, tenant tête à ces brutes,—
J'ai songé: s'il voulait, lui que tous ils craindront. . .

CYRANO:
C'est bien, je défendrai votre petit baron.

ROXANE:
Oh! n'est-ce pas que vous allez me le défendre?
J'ai toujours eu pour vous une amitié si tendre.

CYRANO:
Oui, oui.

ROXANE:
Vous serez son ami?

CYRANO:
Je le serai.

ROXANE:
Et jamais il n'aura de duel?

CYRANO:
C'est juré.

ROXANE:
Oh! je vous aime bien. Il faut que je m'en aille.
(*Elle remet vivement son masque, une dentelle sur son front, et, distraitement*):
Mais vous ne m'avez pas raconté la bataille
De cette nuit. Vraiment ce dut être inouï!. . .
—Dites-lui qu'il m'écrive.

(*Elle lui envoie un petit baiser de la main*):
Oh! je vous aime!

CYRANO:
Oui, oui.

ROXANE:
Cent hommes contre vous? Allons, adieu.—Nous sommes
De grands amis!

CYRANO:
Oui, oui.

ROXANE:
Qu'il m'écrive!—Cent hommes!—
Vous me direz plus tard. Maintenant, je ne puis.
Cent hommes! Quel courage!

CYRANO (*la saluant*):
Oh! j'ai fait mieux depuis.
(*Elle sort. Cyrano reste immobile, les yeux à terre. Un silence. La porte de droite s'ouvre. Ragueneau passe sa tête.*)

Scène 2.VII.

Cyrano, Ragueneau, les poètes, Carbon de Castel-Jaloux, les cadets, la foule, etc., puis De Guiche.

RAGUENEAU:
Peut-on rentrer?

CYRANO (*sans bouger*):
Oui. . .
(*Ragueneau fait signe et ses amis rentrent. En même temps, à la porte du fond paraît Carbon de Castel-Jaloux, costume de capitaine aux gardes, qui fait de grands gestes en apercevant Cyrano.*)

CARBON DE CASTEL-JALOUX:
Le voilà!

CYRANO (*levant la tête*):
Mon capitaine!. . .

CARBON (*exultant*):
Notre héros! Nous savons tout! Une trentaine
De mes cadets sont là!. . .

CYRANO (*reculant*):
Mais. . .

CARBON (*voulant l'entraîner*):
Viens! on veut te voir!

CYRANO:
Non!

CARBON:
Il boivent en face, à la Croix du Trahoir.

CYRANO:
Je. . .

CARBON (*remontant à la porte, et criant à la cantonade, d'une voix de tonnerre*):
Le héros refuse. Il est d'humeur bourrue!

UNE VOIX (*au dehors*):
Ah! Sandious!
(*Tumulte au dehors, bruit d'épées et de bottes qui se rapprochent.*)

CARBON (*se frottant les mains*):
Les voici qui traversent la rue!

LES CADETS (*entrant dans la rôtisserie*):
Mille dious!—Capdedious!—Mordious!—Pocapdedious!

RAGUENEAU (*reculant épouvanté*):
Messieurs, vous êtes donc tous de Gascogne!

LES CADETS:
Tous!

UN CADET (*à Cyrano*):
Bravo!

CYRANO:
Baron!

UN AUTRE (*lui secouant les mains*):
Vivat!

CYRANO:
Baron!

TROISIÈME CADET:
Que je t'embrasse!

CYRANO:
Baron!. . .

PLUSIEURS GASCONS:
Embrassons-le!

CYRANO (*ne sachant auquel répondre*):
Baron!. . .baron!. . .de grâce. . .

RAGUENEAU:
Vous êtes tous barons, messieurs?

LES CADETS:
Tous?

RAGUENEAU:
Le sont-ils?. . .

PREMIER CADET:
On ferait une tour rien qu'avec nos tortils!

LE BRET (*entrant, et courant à Cyrano*):
On te cherche! Une foule en délire conduite
Par ceux qui cette nuit marchèrent à ta suite. . .

CYRANO (*épouvanté*):
Tu ne leur as pas dit où je me trouve?. . .

LE BRET (*se frottant les mains*):
Si!

UN BOURGEOIS (*entrant suivi d'un groupe*):
Monsieur, tout le Marais se fait porter ici!
(*Au dehors la rue s'est remplie de monde. Des chaises à porteurs, des carrosses s'arrêtent.*)

LE BRET (*bas, souriant, à Cyrano*):
Et Roxane?

CYRANO (*vivement*):
Tais-toi!

LA FOULE (*criant dehors*):
Cyrano!. . .
(*Une cohue se précipite dans la pâtisserie. Bousculade. Acclamations.*)

RAGUENEAU (*debout sur une table*):
Ma boutique
Est envahie! On casse tout! C'est magnifique!

DES GENS (*autour de Cyrano*):
Mon ami. . .mon ami. . .

CYRANO:
Je n'avais pas hier
Tant d'amis!

LE BRET (*ravi*):
Le succès!

UN PETIT MARQUIS (*accourant, les mains tendues*):
Si tu savais, mon cher. . .

CYRANO:
Si tu?. . .Tu?. . .Qu'est-ce donc qu'ensemble nous gardâmes?

UN AUTRE:
Je veux vous présenter, Monsieur, à quelques dames
Qui là, dans mon carrosse. . .

CYRANO (*froidement*):
Et vous d'abord, à moi,
Qui vous présentera?

LE BRET (*stupéfait*):
Mais qu'as-tu donc?

CYRANO:
Tais-toi!

UN HOMME DE LETTRES (*avec une écritoire*):
Puis-je avoir des détails sur?. . .

CYRANO:
Non.

LE BRET (*lui poussant le coude*):
C'est Théophraste,
Renaudot! l'inventeur de la gazette.

CYRANO:
Baste!

LE BRET:
Cette feuille où l'on fait tant de choses tenir!
On dit que cette idée a beaucoup d'avenir!

LE POÈTE (*s'avançant*):
Monsieur. . .

CYRANO:
Encor!

LE POÈTE:
Je veux faire un pentacrostiche
Sur votre nom. . .

QUELQU'UN (*s'avançant encore*):
Monsieur. . .

CYRANO:
Assez!
(*Mouvement. On se range. De Guiche paraît, escorté d'officiers. Cuigy,
Brissaille, les officiers qui sont partis avec Cyrano à la fin du premier
acte. Cuigy vient vivement à Cyrano.*)

CUIGY (*à Cyrano*):
Monsieur de Guiche!
(*Murmure. Tout le monde se range*):
Vient de la part du maréchal de Gassion!

DE GUICHE (*saluant Cyrano*):
. . .Qui tient à vous mander son admiration
Pour le nouvel exploit dont le bruit vient de courre.

LA FOULE:
Bravo!. . .

CYRANO (*s'inclinant*):
Le maréchal s'y connaît en bravoure.

DE GUICHE:
Il n'aurait jamais cru le fait si ces messieurs
N'avaient pu lui jurer l'avoir vu.

CUIGY:
De nos yeux!

LE BRET (*bas à Cyrano, qui a l'air absent*):
Mais. . .

CYRANO:
Tais-toi!

LE BRET:
Tu parais souffrir!

CYRANO (*tressaillant et se redressant vivement*):
Devant ce monde?. . .
(*Sa moustache se hérisse; il poitrine*):
Moi souffrir?. . .Tu vas voir!

DE GUICHE (*auquel Cuigy a parlé à l'oreille*):
Votre carière abonde
De beaux exploits, déjà.—Vous servez chez ces fous
De Gascons, n'est-ce pas?

CYRANO:
Aux cadets, oui.

UN CADET (*d'une voix terrible*):
Chez nous!

DE GUICHE (*regardant les Gascons, rangés derrière Cyrano*):
Ah! ah!. . .Tous ces messieurs à la mine hautaine,
Ce sont donc les fameux?. . .

CARBON DE CASTEL-JALOUX:
Cyrano!

CYRANO:
Capitaine?

CARBON:
Puisque ma compagnie est, je crois, au complet,
Veuillez la présenter au comte, s'il vous plaît.

CYRANO (*faisant deux pas vers De Guiche et montrant les cadets*):
Ce sont les cadets de Gascogne
De Carbon de Castel-Jaloux!
Bretteurs et menteurs sans vergogne,
Ce sont les cadets de Gascogne!
Parlant blason, lambel, bastogne,
Tous plus nobles que des filous,
Ce sont les cadets de Gascogne
De Carbon de Castel-Jaloux:
Œil d'aigle, jambe de cigogne,
Moustache de chat, dents de loups,
Fendant la canaille qui grogne,
Œil d'aigle, jambe de cigogne,
Ils vont,—coiffés d'un vieux vigogne
Dont la plume cache les trous!—
Œil d'aigle, jambe de cigogne,
Moustache de chat, dents de loups!
Perce-Bedaine et Casse-Trogne
Sont leurs sobriquets les plus doux;

De gloire, leur âme est ivrogne!
Perce-Bedaine et Casse-Trogne,
Dans tous les endroits où l'on cogne
Ils se donnent des rendez-vous. . .
Perce-Bedaine et Casse-Trogne
Sont leurs sobriquets les plus doux!
Voici les cadets de Gascogne
Qui font cocus tous les jaloux!
O femme, adorable carogne,
Voici les cadets de Gascogne!
Que le vieil époux se renfrogne:
Sonnez, clairons! chantez, coucous!
Voici les cadets de Gascogne
Qui font cocus tous les jaloux!

DE GUICHE (*nonchalamment assis dans un fauteuil que Ragueneau a vite apporté*):
Un poète est un luxe, aujourd'hui, qu'on se donne.
—Voulez-vous être à moi?

CYRANO:
Non, Monsieur, à personne.

DE GUICHE:
Votre verve amusa mon oncle Richelieu,
Hier. Je veux vous servir auprès de lui.

LE BRET (*ébloui*):
Grand Dieu!

DE GUICHE:
Vous avez bien rimé cinq actes, j'imagine?

LE BRET (*à l'oreille de Cyrano*):
Tu vas faire jouer, mon cher, ton Agrippine!

DE GUICHE:
Portez-les-lui.

CYRANO (*tenté et un peu charmé*):
Vraiment. . .

DE GUICHE:
Il est des plus experts.
Il vous corrigera seulement quelques vers. . .

CYRANO (*dont le visage s'est immédiatement rembruni*):
Impossible, Monsieur; mon sang se coagule
En pensant qu'on y peut changer une virgule.

DE GUICHE:
Mais quand un vers lui plaît, en revanche, mon cher,
Il le paye très cher.

CYRANO:
Il le paye moins cher
Que moi, lorsque j'ai fait un vers, et que je l'aime,
Je me le paye, en me le chantant à moi-même!

DE GUICHE:
Vous êtes fier.

CYRANO:
Vraiment, vous l'avez remarqué?

UN CADET (*entrant avec, enfilés à son épée, des chapeaux aux plumets miteux, aux coiffes trouées, défoncées*):
Regarde, Cyrano! ce matin, sur le quai
Le bizarre gibier à plumes que nous prîmes!
Les feutres des fuyards!. . .

CARBON:
Des dépouilles opimes!

TOUT LE MONDE (*riant*):
Ah! Ah! Ah!

CUIGY:
Celui qui posta ces gueux, ma foi,
Doit rager aujourd'hui.

BRISSAILLE:
Sait-on qui c'est?

DE GUICHE:
C'est moi.
(*Les rires s'arrêtent*):
Je les avais chargés de châtier,—besogne
Qu'on ne fait pas soi-même,—un rimailleur ivrogne.
(*Silence gêné.*)

LE CADET (*à mi-voix, à Cyrano, lui montrant les feutres*):
Que faut-il qu'on en fasse? Ils sont gras. . .Un salmis?

CYRANO (*prenant l'épée où ils sont enfilés, et les faisant, dans un salut, tous glisser aux pieds de De Guiche*):
Monsieur, si vous voulez les rendre à vos amis?

DE GUICHE (*se levant et d'une voix brève*):
Ma chaise et mes porteurs, tout de suite: je monte.
(*A Cyrano, violemment*):
Vous, Monsieur!. . .

UNE VOIX (*dans la rue, criant*):
Les porteurs de monseigneur le comte
De Guiche!

DE GUICHE (*qui s'est dominé, avec un sourire*):
. . .Avez-vous lu Don Quichot?

CYRANO:
Je l'ai lu.
Et me découvre au nom de cet hurluberlu.

DE GUICHE:
Veuillez donc méditer alors. . .

UN PORTEUR (*paraissant au fond*):
Voici la chaise.

DE GUICHE:
Sur le chapitre des moulins!

CYRANO (*saluant*):
Chapitre treize.

DE GUICHE:
Car, lorsqu'on les attaque, il arrive souvent. . .

CYRANO:
J'attaque donc des gens qui tournent à tout vent?

DE GUICHE:
Qu'un moulinet de leurs grands bras chargés de toiles
Vous lance dans la boue!. . .

CYRANO:
Ou bien dans les étoiles!
(*De Guiche sort. On le voit remonter en chaise. Les seigneurs s'éloignent en chuchotant. Le Bret les réaccompagne. La foule sort.*)

Scène 2.VIII.

Cyrano, Le Bret, les cadets, qui se sont attablés à droite et à gauche et auxquels on sert à boire et à manger.

CYRANO (*saluant d'un air goguenard ceux qui sortent sans oser le saluer*):
Messieurs. . .Messieurs. . .Messieurs. . .

LE BRET (*désolé, redescendant, les bras au ciel*):
Ah! dans quels jolis draps.

CYRANO:
Oh! toi! tu vas grogner!

LE BRET:
Enfin, tu conviendras
Qu'assassiner toujours la chance passagère,
Devient exagéré.

CYRANO:
Hé bien oui, j'exagère!

LE BRET (*triomphant*):
Ah!

CYRANO:
Mais pour le principe, et pour l'exemple aussi,
Je trouve qu'il est bon d'exagérer ainsi.

LE BRET:
Si tu laissais un peu ton âme mousquetaire,
La fortune et la gloire. . .

CYRANO:
Et que faudrait-il faire?
Chercher un protecteur puissant, prendre un patron,
Et comme un lierre obscur qui circonvient un tronc
Et s'en fait un tuteur en lui léchant l'écorce,
Grimper par ruse au lieu de s'élever par force?
Non, merci. Dédier, comme tous il le font,
Des vers aux financiers? se changer en bouffon
Dans l'espoir vil de voir, aux lèvres d'un ministre,
Naître un sourire, enfin, qui ne soit pas sinistre?
Non, merci. Déjeuner, chaque jour, d'un crapaud?
Avoir un ventre usé par la marche? une peau
Qui plus vite, à l'endroit des genoux, devient sale?
Exécuter des tours de souplesse dorsale?. . .
Non, merci. D'une main flatter la chèvre au cou
Cependant que, de l'autre, on arrose le chou,
Et, donneur de séné par désir de rhubarbe,
Avoir son encensoir, toujours, dans quelque barbe?
Non, merci! Se pousser de giron en giron,
Devenir un petit grand homme dans un rond,
Et naviguer, avec des madrigaux pour rames,
Et dans ses voiles des soupirs de vieilles dames?
Non, merci! Chez le bon éditeur de Sercy
Faire éditer ses vers en payant? Non, merci!
S'aller faire nommer pape par les conciles
Que dans des cabarets tiennent des imbéciles?
Non, merci! Travailler à se construire un nom
Sur un sonnet, au lieu d'en faire d'autres? Non,
Merci! Ne découvrir du talent qu'aux mazettes?
Être terrorisé par de vagues gazettes,
Et se dire sans cesse: "Oh, pourvu que je sois
Dans les petits papiers du Mercure François?". . .
Non, merci! Calculer, avoir peur, être blême,
Aimer mieux faire une visite qu'un poème,
Rédiger des placets, se faire présenter?
Non, merci! non, merci! non, merci! Mais. . .chanter,
Rêver, rire, passer, être seul, être libre,
Avoir l'œil qui regarde bien, la voix qui vibre,
Mettre, quand il vous plaît, son feutre de travers,

Pour un oui, pour un non, se battre,—ou faire un vers!
Travailler sans souci de gloire ou de fortune,
A tel voyage, auquel on pense, dans la lune!
N'écrire jamais rien qui de soi ne sortît,
Et modeste d'ailleurs, se dire: mon petit,
Soit satisfait des fleurs, des fruits, même des feuilles,
Si c'est dans ton jardin à toi que tu les cueilles!
Puis, s'il advient d'un peu triompher, par hasard,
Ne pas être obligé d'en rien rendre à César,
Vis-à-vis de soi-même en garder le mérite,
Bref, dédaignant d'être le lierre parasite,
Lors même qu'on n'est pas le chêne ou le tilleul,
Ne pas monter bien haut, peut-être, mais tout seul!

LE BRET:
Tout seul, soit! Mais non pas contre tous! Comment diable
As-tu donc contracté la manie effroyable
De te faire toujours, partout, des ennemis?

CYRANO:
A force de vous voir vous faire des amis,
Et rire à ces amis dont vous avez des foules,
D'une bouche empruntée au derrière des poules!
J'aime raréfier sur mes pas les saluts,
Et m'écrie avec joie: un ennemi de plus!

LE BRET:
Quelle aberration!

CYRANO:
Eh bien, oui, c'est mon vice.
Déplaire est mon plaisir. J'aime qu'on me haïsse.
Mon cher, si tu savais comme l'on marche mieux
Sous la pistolétade excitante des yeux!
Comme, sur les pourpoints, font d'amusantes taches
Le fiel des envieux et la bave des lâches!
—Vous, la molle amitié dont vous vous entourez,
Ressemble à ces grands cols d'Italie, ajourés
Et flottants, dans lesquels votre cou s'effémine:
On y est plus à l'aise. . .et de moins haute mine,
Car le front n'ayant pas de maintien ni de loi,
S'abandonne à pencher dans tous les sens. Mais moi,
La Haine, chaque jour, me tuyaute et m'apprête
La fraise dont l'empois force à lever la tête;
Chaque ennemi de plus est un nouveau godron
Qui m'ajoute une gêne, et m'ajoute un rayon:

Car, pareille en tous points à la fraise espagnole,
La Haine est un carcan, mais c'est une auréole!

LE BRET (*après un silence, passant son bras sous le sien*):
Fais tout haut l'orgueilleux et l'amer, mais, tout bas
Dis-moi tout simplement qu'elle ne t'aime pas!

CYRANO (*vivement*):
Tais-toi!
(*Depuis un moment, Christian est entré, s'est mêlé aux cadets; ceux-ci ne lui adressent pas la parole; il a fini par s'asseoir seul à une petite table, où Lise le sert.*)

Scène 2.IX.

Cyrano, Le Bret, les cadets, Christian de Neuvillette.

UN CADET (*assis à une table du fond, le verre en main*):
Hé! Cyrano!
(*Cyrano se retourne*):
Le récit?

CYRANO:
Tout à l'heure!
(*Il remonte au bras de Le Bret. Ils causent bas.*)

LE CADET (*se levant, et descendant*):
Le récit du combat! Ce sera la meilleure
Leçon
(*Il s'arrête devant la table où est Christian*):
pour ce timide apprentif!

CHRISTIAN (*levant la tête*):
Apprentif?

UN AUTRE CADET:
Oui, septentrional maladif!

CHRISTIAN:
Maladif?

PREMIER CADET (*goguenard*):
Monsieur de Neuvillette, apprenez quelque chose:
C'est qu'il est un objet, chez nous, dont on ne cause
Pas plus que de cordon dans l'hôtel d'un pendu!

CHRISTIAN:
Qu'est-ce?

UN AUTRE CADET (*d'une voix terrible*):
Regardez-moi!
(*Il pose trois fois, mystérieusement, son doigt sur son nez*):
M'avez-vous entendu?

CHRISTIAN:
Ah! c'est le. . .

UN AUTRE:
Chut!. . .jamais ce mot ne se profère!
(*Il montre Cyrano qui cause au fond avec Le Bret.*)
Ou c'est à lui, là-bas, que l'on aurait affaire!

UN AUTRE (*qui, pendant qu'il était tourné vers les premiers, est venu
sans bruit s'asseoir sur la table, dans son dos*):
Deux nasillards par lui furent exterminés
Parce qu'il lui déplut qu'ils parlassent du nez!

UN AUTRE (*d'une voix caverneuse,—surgissant de sous la table où il
s'est glissé à quatre pattes*):
On ne peut faire, sans défuncter avant l'âge,
La moindre allusion au fatal cartilage!

UN AUTRE (*lui posant la main sur l'épaule*):
Un mot suffit! Que dis-je, un mot? Un geste, un seul!
Et tirer son mouchoir, c'est tirer son linceul!
(*Silence. Tous autour de lui, les bras croisés, le regardent. Il se lève et
va à Carbon de Castel-Jaloux qui, causant avec un officier, a l'air de ne
rien voir.*)

CHRISTIAN:
Capitaine!

CARBON (*se retournant et le toisant*):
Monsieur?

CHRISTIAN:
Que fait-on quand on trouve
Des Méridionaux trop vantards?. . .

CARBON:
On leur prouve
Qu'on peut être du Nord, et courageux.
(*Il lui tourne le dos.*)

CHRISTIAN:
Merci.

PREMIER CADET (*à Cyrano*):
Maintenant, ton récit!

TOUS:
Son récit!

CYRANO (*redescendant vers eux*):
Mon récit?. . .
(*Tous rapprochent leurs escabeaux, se groupent autour de lui, tendent le col. Christian s'est mis à cheval sur une chaise*):
Eh bien! donc je marchais tout seul, à leur rencontre.
La lune, dans le ciel, luisait comme une montre,
Quand soudain, je ne sais quel soigneux horloger
S'étant mis à passer un coton nuager
Sur le boîtier d'argent de cette montre ronde,
Il se fit une nuit la plus noire du monde,
Et les quais n'étant pas du tout illuminés,
Mordious! on n'y voyait pas plus loin. . .

CHRISTIAN:
Que son nez.
(*Silence. Tous le monde se lève lentement. On regarde Cyrano avec terreur. Celui-ci s'est interrompu, stupéfait. Attente.*)

CYRANO:
Qu'est-ce que c'est que cet homme-là?

UN CADET (*à mi-voix*):
C'est un homme
Arrivé ce matin.

CYRANO (*faisant un pas vers Christian*):
Ce matin?

CARBON (*à mi-voix*):
Il se nomme
Le baron de Neuvil. . .

CYRANO (*vivement, s'arrêtant*):
Ah! C'est bien. . .
(*Il pâlit, rougit, a encore un mouvement pour se jeter sur Christian*):
Je. . .
(*Puis, il se domine, et dit d'une voix sourde*):
Très bien. . .
(*Il reprend*):
Je disais donc. . .
(*Avec un éclat de rage dans la voix*):
Mordious!. . .
(*Il continue d'un ton naturel*):
que l'on n'y voyait rien.
(*Stupeur. On se rassied en se regardant*):
Et je marchais, songeant que pour un gueux fort mince
J'allais mécontenter quelque grand, quelque prince,
Qui m'aurait sûrement. . .

CHRISTIAN:
Dans le nez!. . .
(*Tout le monde se lève. Christian se balance sur sa chaise.*)

CYRANO (*d'une voix étranglée*):
Une dent,—
Qui m'aurait une dent. . .et qu'en somme, imprudent,
J'allais fourrer. . .

CHRISTIAN:
Le nez. . .

CYRANO:
Le doigt. . .entre l'écorce
Et l'arbre, car ce grand pouvait être de force
À me faire donner. . .'

CHRISTIAN:
Sur le nez. . .

CYRANO (*essuyant la sueur à son front*):
Sur les doigts.
—Mais j'ajoutai: Marche, Gascon, fais ce que dois!
Va, Cyrano! Et ce disant, je me hasarde,
Quand, dans l'ombre, quelqu'un me porte. . .

CHRISTIAN:
Une nasarde.

CYRANO:
Je la pare, et soudain me trouve. . .

CHRISTIAN:
Nez à nez. . .

CYRANO (*bondissant vers lui*):
Ventre-Saint-Gris!
(*Tous les Gascons se précipitent pour voir, arrivé sur Christian, il se maîtrise et continue*):
avec cent braillards avinés
Qui puaient. . .

CHRISTIAN:
À plein nez. . .

CYRANO (*blême et souriant*):
L'oignon et la litharge!
Je bondis, front baissé. . .

CHRISTIAN:
Nez au vent!

CYRANO: et je charge!
J'en estomaque deux! J'en empale un tout vif!
Quelqu'un m'ajuste: Paf! et je riposte. . .

CHRISTIAN:
Pif!

CYRANO (*éclatant*):
Tonnerre! Sortez tous!
(*Tous les cadets se précipitent vers les portes.*)

PREMIER CADET:
C'est le réveil du tigre!

CYRANO:
Tous! Et laissez-moi seul avec cet homme!

DEUXIÈME CADET:
Bigre!
On va le retrouver en hachis!

RAGUENEAU:
En hachis?

UN AUTRE CADET:
Dans un de vos pâtés!

RAGUENEAU:
Je sens que je blanchis,
Et que je m'amollis comme une serviette!

CARBON:
Sortons!

UN AUTRE:
Il n'en va pas laisser une miette!

UN AUTRE:
Ce qui va se passer ici, j'en meurs d'effroi!

UN AUTRE (*refermant la porte de droite*):
Quelque chose d'épouvantable!
(*Ils sont tous sortis,—soit par le fond, soit par les côtés,—quelques-uns ont disparu par l'escalier. Cyrano et Christian restent face à face, et se regardent un moment.*)

Scène 2.X.

Cyrano, Christian.

CYRANO:
Embrasse-moi!

CHRISTIAN:
Monsieur. . .

CYRANO:
Brave.

CHRISTIAN:
Ah ça! mais!. . .

CYRANO:
Très brave. Je préfère.

CHRISTIAN:
Me direz-vous?. . .

CYRANO:
Embrasse-moi. Je suis son frère.

CHRISTIAN:
De qui?

CYRANO:
Mais d'elle!

CHRISTIAN:
Hein?. . .

CYRANO:
Mais de Roxane!

CHRISTIAN (*courant à lui*):
Ciel!
Vous, son frère?

CYRANO:
Ou tout comme: un cousin fraternel.

CHRISTIAN:
Elle vous a?. . .

CYRANO:
Tout dit!

CHRISTIAN:
M'aime-t-elle?

CYRANO:
Peut-être!

CHRISTIAN (*lui prenant les mains*):
Comme je suis heureux, Monsieur, de vous connaître!

CYRANO:
Voilà ce qui s'appelle un sentiment soudain.

CHRISTIAN:
Pardonnez-moi. . .

CYRANO (*le regardant, et lui mettant la main sur l'épaule*):
C'est vrai qu'il est beau, le gredin!

CHRISTIAN:
Si vous saviez, Monsieur, comme je vous admire!

CYRANO:
Mais tous ces nez que vous m'avez. . .

CHRISTIAN:
Je les retire!

CYRANO:
Roxane attend ce soir une lettre. . .

CHRISTIAN:
Hélas!

CYRANO:
Quoi?

CHRISTIAN:
C'est me perdre que de cesser de rester coi!

CYRANO:
Comment?

CHRISTIAN:
Las! je suis sot à m'en tuer de honte!

CYRANO:
Mais non, tu ne l'es pas, puisque tu t'en rends compte.
D'ailleurs, tu ne m'as pas attaqué comme un sot.

CHRISTIAN:
Bah! on trouve des mots quand on monte à l'assaut!
Oui, j'ai certain esprit facile et militaire,
Mais je ne sais, devant les femmes, que me taire.
Oh! leurs yeux, quand je passe, ont pour moi des bontés. . .

CYRANO:
Leurs cœurs n'en ont-ils plus quand vous vous arrêtez?

CHRISTIAN:
Non! car je suis de ceux,—je le sais. . .et je tremble!—
Qui ne savent parler d'amour.

CYRANO:
Tiens!. . .Il me semble
Que si l'on eût pris soin de me mieux modeler,
J'aurais été de ceux qui savent en parler.

CHRISTIAN:
Oh! pouvoir exprimer les choses avec grâce!

CYRANO:
Être un joli petit mousquetaire qui passe!

CHRISTIAN:
Roxane est précieuse et sûrement je vais
Désillusionner Roxane!

CYRANO (*regardant Christian*):
Si j'avais
Pour exprime mon âme un pareil interprète!

CHRISTIAN (*avec désespoir*):
Il me faudrait de l'éloquence!

CYRANO (*brusquement*):
Je t'en prête!
Toi, du charme physique et vainqueur, prête-m'en:
Et faisons à nous deux un héros de roman!

CHRISTIAN:
Quoi?

CYRANO:
Te sens-tu de force à répéter les choses
Que chaque jour je t'apprendrai?. . .

CHRISTIAN:
Tu me proposes?. . .

CYRANO:
Roxane n'aura pas de désillusions!
Dis, veux-tu qu'à nous deux nous la séduisions?
Veux-tu sentir passer, de mon pourpoint de buffle
Dans ton pourpoint brodé, l'âme que je t'insuffle!. . .

CHRISTIAN:
Mais, Cyrano!. . .

CYRANO:
Christian, veux-tu?

CHRISTIAN:
Tu me fais peur!

CYRANO:
Puisque tu crains, tout seul, de refroidir son cœur,
Veux-tu que nous fassions—et bientôt tu l'embrases!—
Collaborer un peu tes lèvres et mes phrases?. . .

CHRISTIAN:
Tes yeux brillent!. . .

CYRANO:
Veux-tu?

CHRISTIAN:
Quoi! cela te ferait
Tant de plaisir?. . .

CYRANO (*avec enivrement*):
Cela. . .
(*Se reprenant, et en artiste*):
Cela m'amuserait!
C'est une expérience à tenter un poète.
Veux-tu me compléter et que je te complète?
Tu marcheras, j'irai dans l'ombre à ton côté:
Je serai ton esprit, tu seras ma beauté.

CHRISTIAN:
Mais la lettre qu'il faut, au plus tôt, lui remettre!
Je ne pourrai jamais. . .

CYRANO (*sortant de son pourpoint la lettre qu'il a écrite*):
Tiens, la voilà, ta lettre!

CHRISTIAN:
Comment?

CYRANO:
Hormis l'adresse, il n'y manque plus rien.

CHRISTIAN:
Je. . .

CYRANO:
Tu peux l'envoyer. Sois tranquille. Elle est bien.

CHRISTIAN:
Vous aviez?. . .

CYRANO:
Nous avons toujours, nous, dans nos poches,
Des épîtres à des Chloris. . .de nos caboches,
Car nous sommes ceux-là qui pour amante n'ont
Que du rêve soufflé dans la bulle d'un nom!. . .
Prends, et tu changeras en vérités ces feintes;
Je lançais au hasard ces aveux et ces plaintes:
Tu verras se poser tous ces oiseaux errants.
Tu verras que je fus dans cette lettre—prends!—
D'autant plus éloquent que j'étais moins sincère!
—Prends donc, et finissons!

CHRISTIAN:
N'est-il pas nécessaire
De changer quelques mots? Écrite en divaguant,
Ira-t-elle à Roxane?

CYRANO:
Elle ira comme un gant!

CHRISTIAN:
Mais. . .

CYRANO:
La crédulité de l'amour-propre est telle,
Que Roxane croira que c'est écrit pour elle!

CHRISTIAN:
Ah! mon ami!
(*Il se jette dans les bras de Cyrano. Ils restent embrassés.*)

Scène 2.XI.

Cyrano, Christian, les Gascons, le mousquetaire, Lise.

UN CADET (*entr'ouvrant la porte*):
Plus rien. . .Un silence de mort. . .
Je n'ose regarder. . .

(*Il passe la tête*):
Hein?

TOUS LES CADETS (*entrant et voyant Cyrano et Christian qui s'embrassent*):
Ah!. . .Oh!. . .

UN CADET:
C'est trop fort!
(*Consternation.*)

LE MOUSQUETAIRE (*goguenard*):
Ouais?. . .

CARBON:
Notre démon est doux comme un apôtre!
Quand sur une narine on le frappe,—il tend l'autre!

LE MOUSQUETAIRE:
On peut donc lui parler de son nez, maintenant?. . .
(*Appelant Lise, d'un air triomphant*):
—Eh! Lise! Tu vas voir!
(*Humant l'air avec affectation*):
Oh!. . .oh!. . .c'est surprenant!
Quelle odeur!. . .
(*Allant à Cyrano, dont il regarde le nez avec impertinence*):
Mais monsieur doit l'avoir reniflée?
Qu'est-ce que cela sent ici?. . .

CYRANO (*le souffletant*):
La giroflée!
(*Joie. Les cadets ont retrouvé Cyrano: ils font des culbutes.*)

Rideau.

Acte III.

Le Baiser de Roxane.

Une petite place dans l'ancien Marais. Vieille maisons. Perspectives de ruelles. À droite, la maison de Roxane et le mur de son jardin que débordent de larges feuillages. Au-dessus de la porte, fenêtre et balcon. Un banc devant le seuil.

Du lierre grimpe au mur, du jasmin enguirlande le balcon, frissonne et retombe.

Par le banc et les pierres en saillie du mur, on peut facilement grimper au balcon.

En face, une ancienne maison de même style, brique et pierre, avec une porte d'entrée. Le heurtoir de cette porte est emmailloté de linge comme un pouce malade.

Au lever du rideau, la duègne est assise sur le banc. La fenêtre est grande ouverte sur le balcon de Roxane.

Près de la duègne se tient debout Ragueneau, vêtu d'une sorte de livrée: il termine un récit, en s'essuyant les yeux.

Scène 3.I.

Ragueneau, la duègne, puis Roxane, Cyrano, et deux pages.

RAGUENEAU:
. . .Et puis, elle est partie avec un mousquetaire!
Seul, ruiné, je me pends. J'avais quitté la terre.
Monsieur de Bergerac entre, et, me dépendant,
Me vient à sa cousine offrir comme intendant.

LA DUÈGNE:
Mais comment expliquer cette ruine où vous êtes?

RAGUENEAU:
Lise aimait les guerriers, et j'aimais les poètes!
Mars mangeait les gâteaux qui laissait Apollon:
—Alors, vous comprenez, cela ne fut pas long!

LA DUÈGNE (*se levant et appelant vers la fenêtre ouverte*):
Roxane, êtes-vous prête?. . .On nous attend!

LA VOIX DE ROXANE (*par la fenêtre*):
Je passe
Une mante!

LA DUÈGNE (*à Ragueneau, lui montrant la porte d'en face*):
C'est là qu'on nous attend, en face.
Chez Clomire. Elle tient bureau, dans son réduit.
On y lit un discours sur le Tendre, aujourd'hui.

RAGUENEAU:
Sur le Tendre?

LA DUÈGNE (*minaudant*):
Mais oui!. . .
(*Criant vers la fenêtre*):
Roxane, il faut descendre,
Ou nous allons manquer le discours sur le Tendre!

LA VOIX DE ROXANE:
Je viens!
(*On entend un bruit d'instruments à cordes qui se rapproche.*)

LA VOIX DE CYRANO (*chantant dans la coulisse*):
La! la! la! la!

LA DUÈGNE (*surprise*):
On nous joue un morceau?

CYRANO (*suivi de deux pages porteurs de théorbes*):
Je vous dis que la croche est triple, triple sot!

PREMIER PAGE (*ironique*):
Vous savez donc, Monsieur, si les croches sont triples?

CYRANO:
Je suis musicien, comme tous les disciples
De Gassendi!

LE PAGE (*jouant et chantant*):
La! la!

CYRANO (*lui arrachant le théorbe et continuant la phrase musicale*):
Je peux continuer!. . .
La! la! la! la!

ROXANE (*paraissant sur le balcon*):
C'est vous?

CYRANO (*chantant sur l'air qu'il continue*):
Moi qui viens saluer
Vos lys, et présenter mes respects à vos ro. . .ses!

ROXANE:
Je descends!
(*Elle quitte le balcon.*)

LA DUÈGNE (*montrant les pages*):
Qu'est-ce donc que ces deux virtuoses?

CYRANO:
C'est un pari que j'ai gagné sur d'Assoucy.
Nous discutions un point de grammaire.—Non!—Si!—
Quand soudain me montrant ces deux grands escogriffes
Habiles à gratter les cordes de leurs griffes,
Et dont il fait toujours son escorte, il me dit:
"Je te parie un jour de musique!" Il perdit.
Jusqu'à ce que Phœbus recommence son orbe,
J'ai donc sur mes talons ces joueurs de théorbe,
De tout ce que je fais harmonieux témoins!. . .
Ce fut d'abord charmant, et ce l'est déjà moins.
(*Aux musiciens*):
Hep!. . .Allez de ma part jouer une pavane
A Montfleury!. . .
(*Les pages remontent pour sortir.—A la duègne*):
Je viens demander à Roxane
Ainsi que chaque soir. . .
(*Aux pages qui sortent*):
Jouez longtemps,—et faux!

(*A la duègne*):
. . .Si l'ami de son âme est toujours sans défauts?

ROXANE (*sortant de la maison*):
Ah! qu'il est beau, qu'il a d'esprit, et que je l'aime!

CYRANO (*souriant*):
Christian a tant d'esprit?. . .

ROXANE:
Mon cher, plus que vous-même!

CYRANO:
J'y consens.

ROXANE:
Il ne peut exister à mon goût
Plus fin diseur de ces jolis riens qui sont tout.
Parfois il est distrait, ses Muses sont absentes;
Puis, tout à coup, il dit des choses ravissantes!

CYRANO (*incrédule*):
Non?

ROXANE:
C'est trop fort! Voilà comme les hommes sont:
Il n'aura pas d'esprit puisqu'il est beau garçon!

CYRANO:
Il sait parler du cœur d'une façon experte?

ROXANE:
Mais il n'en parle pas, Monsieur, il en disserte!

CYRANO:
Il écrit?

ROXANE:
Mieux encor! Écoutez donc un peu:
(*Déclamant*):
Plus tu me prends de cœur, plus j'en ai!. . .

(*Triomphante, à Cyrano*):
Hé! bien?

CYRANO:
Peuh!. . .

ROXANE:
Et ceci: Pour souffrir, puisqu'il m'en faut un autre,
Si vous gardez mon cœur, envoyez-moi le vôtre!

CYRANO:
Tantôt il en a trop et tantôt pas assez.
Qu'est-ce au juste qu'il veut, de cœur?. . .

ROXANE (*frappant du pied*):
Vous m'agacez!
C'est la jalousie. . .

CYRANO (*tressaillant*):
Hein!. . .

ROXANE:
. . .d'auteur qui vous dévore!
—Et ceci, n'est-il pas du dernier tendre encore?
Croyez que devers vous mon cœur ne fait qu'un cri,
Et que si les baisers s'envoyaient par écrit,
Madame, vous liriez ma lettre avec les lèvres!. . .

CYRANO (*souriant malgré lui de satisfaction*):
Ha! ha! ces lignes-là sont. . .hé! hé!
(*Se reprenant et avec dédain*):
mais bien mièvres!

ROXANE:
Et ceci. . .

CYRANO (*ravi*):
Vous savez donc ses lettres par cœur?

ROXANE:
Toutes!

CYRANO (*frisant sa moustache*):
Il n'y a pas à dire: c'est flatteur!

ROXANE:
C'est un maître!

CYRANO (*modeste*):
Oh!. . .un maître!. . .

ROXANE (*péremptoire*):
Un maître!. . .

CYRANO (*saluant*):
Soit!. . .un maître!

LA DUÈGNE (*qui était remontée, redescendant vivement*):
Monsieur de Guiche!
(*A Cyrano, le poussant vers la maison*):
Entrez!. . .car il vaut mieux, peut-être,
Qu'il ne vous trouve pas ici; cela pourrait
Le mettre sur la piste. . .

ROXANE (*à Cyrano*):
Oui, de mon cher secret!
Il m'aime, il est puissant, il ne faut pas qu'il sache!
Il peut dans mes amours donner un coup de hache!

CYRANO (*entrant dans la maison*):
Bien! bien! bien!
(*De Guiche paraît.*)

Scène 3.II.

Roxane, De Guiche, la duègne, à l'écart.

ROXANE (*à De Guiche, lui faisant une révérence*):
Je sortais.

DE GUICHE:
Je viens prendre congé.

ROXANE:
Vous partez?

DE GUICHE:
Pour la guerre.

ROXANE:
Ah!

DE GUICHE:
Ce soir même.

ROXANE:
Ah!

DE GUICHE:
J'ai
Des ordres. On assiège Arras.

ROXANE:
Ah. . .on assiège?. . .

DE GUICHE:
Oui. . .Mon départ a l'air de vous laisser de neige.

ROXANE (*poliment*):
Oh!. . .

DE GUICHE:
Moi, je suis navré. Vous reverrai-je?. . .Quand?
—Vous savez que je suis nommé mestre de camp?

ROXANE (*indifférente*):
Bravo.

DE GUICHE:
Du régiment des gardes.

ROXANE (*saisie*):
Ah? des gardes?

DE GUICHE:
Où sert votre cousin, l'homme aux phrases vantardes.
Je saurai me venger de lui, là-bas.

ROXANE (*suffoquée*):
Comment!
Les gardes vont là-bas?

DE GUICHE (*riant*):
Tiens! c'est mon régiment!

ROXANE (*tombant assise sur le banc,—à part*):
Christian!

DE GUICHE:
Qu'avez-vous?

ROXANE (*toute émue*):
Ce. . .départ. . .me désespère!
Quand on tient à quelqu'un, le savoir à la guerre!

DE GUICHE (*surpris et charmé*):
Pour la première fois me dire un mot si doux,
Le jour de mon départ!

ROXANE (*changeant de ton et s'éventant*):
Alors,—vous allez vous
Venger de mon cousin?. . .

DE GUICHE (*souriant*):
On est pour lui?

ROXANE:
Non,—contre!

DE GUICHE:
Vous le voyez?

ROXANE:
Très peu.

DE GUICHE:
Partout on le rencontre
Avec un des cadets. . .
(*Il cherche le nom*):
ce Neu. . .villen. . .viller. . .

ROXANE:
Un grand?

DE GUICHE:
Blond.

ROXANE:
Roux.

DE GUICHE:
Beau!. . .

ROXANE:
Peuh!

DE GUICHE:
Mais bête.

ROXANE:
Il en a l'air!
(*Changeant de tone*):
. . .Votre vengeance envers Cyrano?—c'est peut-être
De l'exposer au feu, qu'il adore?. . .Elle est piètre!
Je sais bien, moi, ce qui lui serait sanglant!

DE GUICHE:
C'est?. . .

ROXANE:
Mais, si le régiment, en partant, le laissait
Avec ses chers cadets, pendant toute la guerre,
A Paris, bras croisés!. . .C'est la seule manière,
Un homme comme lui, de le faire enrager:
Vous voulez le punir? privez-le de danger.

DE GUICHE:
Une femme! une femme! il n'y a qu'une femme
Pour inventer ce tour!

ROXANE:
Il se rongera l'âme,
Et ses amis les poings, de n'être pas au feu:
Et vous serez vengé!

DE GUICHE (*se rapprochant*):
Vous m'aimez donc un peu?
(*Elle sourit*):
Je veux voir dans ce fait d'épouser ma rancune
Une preuve d'amour, Roxane!. . .

ROXANE:
C'en est une.

DE GUICHE (*montrant plusieurs plis cachetés*):
J'ai les ordres sur moi qui vont être transmis
A chaque compagnie, a l'instant même, hormis. . .
(*Il en détache un*):
Celui-ci! C'est celui des cadets.
(*Il le met dans sa poche*):
Je le garde.
(*Riant*):
Ah! ah! ah! Cyrano!. . .Son humeur bataillarde!. . .
—Vous jouez donc des tours aux gens, vous?. . .

ROXANE (*le regardant*):
Quelquefois.

DE GUICHE (*tout près d'elle*):
Vous m'affolez! Ce soir—écoutez—oui, je dois
Être parti. Mais fuir quand je vous sens émue!. . .
Écoutez. Il y a, près d'ici, dans la rue
D'Orléans, un couvent fondé par le syndic
Des capucins, le Père Athanase. Un laïc
N'y peut entrer. Mais les bons Pères, je m'en charge!. . .
Il peuvent me cacher dans leur manche: elle est large.
—Ce sont les capucins qui servent Richelieu
Chez lui; redoutant l'oncle, ils craignent le neveu.
—On me croira parti. Je viendrai sous le masque.
Laissez-moi retarder d'un jour, chère fantasque!. . .

ROXANE (*vivement*):
Mais si cela s'apprend, votre gloire. . .

DE GUICHE:
Bah!

ROXANE:
Mais
Le siège, Arras. . .

DE GUICHE:
Tant pis! Permettez!

ROXANE:
Non!

DE GUICHE:
Permets!

ROXANE (*tendrement*):
Je dois vous le défendre!

DE GUICHE:
Ah!

ROXANE:
Partez!
(*A part*):
Christian reste.
(*Haut*):
Je vous veux héroïque,—Antoine!

DE GUICHE:
Mot céleste!
Vous aimez donc celui?. . .

ROXANE:
Pour lequel j'ai frémi.

DE GUICHE (*transporté de joie*):
Ah! je pars!

(*Il lui baise la main*):
Êtes-vous contente?

ROXANE:
Oui, mon ami!
(*Il sort.*)

LA DUÈGNE (*lui faisant dans le dos une révérence comique*):
Oui, mon ami!

ROXANE (*à la duègne*):
Taisons ce que je viens de faire:
Cyrano m'en voudrait de lui voler sa guerre!
(*Elle appelle vers la maison*):
Cousin!

Scène 3.III.

Roxane, la duègne, Cyrano.

ROXANE:
Nous allons chez Clomire.
(*Elle désigne la porte d'en face*):
Alcandre y doit
Parler, et Lysimon!

LA DUÈGNE (*mettant son petit doigt dans son oreille*):
Oui! mais mon petit doigt
Dit qu'on va les manquer!

CYRANO (*à Roxane*):
Ne manquez pas ces singes.
(*Ils sont arrivés devant la porte de Clomire.*)

LA DUÈGNE (*avec ravissement*):
Oh, voyez! le heurtoir est entouré de linges!. . .
(*Au heurtoir*):
On vous a bâillonné pour que votre métal
Ne troublât pas les beaux discours,—petit brutal!
(*Elle le soulève avec des soins infinis et frappe doucement.*)

ROXANE (*voyant qu'on ouvre*):
Entrons!. . .

(*Du seuil, à Cyrano*):
Si Christian vient, comme je le présume,
Qu'il m'attende!

CYRANO (*vivement, comme elle va disparaître*):
Ah!. . .
(*Elle se retourne*):
Sur quoi, selon votre coutume,
Comptez-vous aujourd'hui l'interroger!

ROXANE:
Sur. . .

CYRANO (*vivement*):
Sur?

ROXANE:
Mais vous serez muet, là-dessus!

CYRANO:
Comme un mur.

ROXANE:
Sur rien!. . .Je vais lui dire: Allez! Partez sans bride!
Improvisez. Parlez d'amour. Soyez splendide!

CYRANO (*souriant*):
Bon.

ROXANE:
Chut!. . .

CYRANO:
Chut!. . .

ROXANE:
Pas un mot!. . .
(*Elle rentre et referme la porte.*)

CYRANO (*la saluant, la porte une fois fermée*):
En vous remerciant.
(*La porte se rouvre et Roxane passe la tête.*)

ROXANE:
Il se préparerait!...

CYRANO:
Diable, non!...

TOUS LES DEUX (*ensemble*):
Chut!...
(*La porte se ferme.*)

CYRANO (*appelant*):
Christian!

Scène 3.IV.

Cyrano, Christian.

CYRANO:
Je sais tout ce qu'il faut. Prépare ta mémoire.
Voici l'occasion de se couvrir de gloire.
Ne perdons pas de temps. Ne prends pas l'air grognon.
Vite, rentrons chez toi, je vais t'apprendre...

CHRISTIAN:
Non!

CYRANO:
Hein?

CHRISTIAN:
Non! J'attends Roxane ici.

CYRANO:
De quel vertige
Es-tu frappé? Viens vite apprendre. . .

CHRISTIAN:
Non, te dis-je!
Je suis las d'emprunter mes lettres, mes discours,
Et de jouer ce rôle, et de trembler toujours!. . .
C'était bon au début! Mais je sens qu'elle m'aime!
Merci. Je n'ai plus peur. Je vais parler moi-même.

CYRANO:
Ouais!

CHRISTIAN:
Et qui te dit que je ne saurais pas?. . .
Je ne suis pas si bête à la fin! Tu verras!
Mais, mon cher, tes leçons m'ont été profitables.
Je saurai parler seul! Et, de par tous les diables,
Je saurai bien toujours la prendre dans mes bras!. . .
(*Apercevant Roxane, qui ressort de chez Clomire*):
—C'est elle! Cyrano, non, ne me quitte pas!

CYRANO (*le saluant*):
Parlez tout seul, Monsieur.
(*Il disparaît derrière le mur du jardin.*)

Scène 3.V.

Christian, Roxane, quelques précieux et précieuses, et la duègne, un instant.

ROXANE (*sortant de la maison de Clomire avec une compagnie qu'elle quitte: révérences et saluts*):
Barthénoïde!—Alcandre!—Grémione!. . .

LA DUÈGNE (*désespérée*):
On a manqué le discours sur le Tendre!
(*Elle rentre chez Roxane.*)

ROXANE (*saluant encore*):
Urimédonte!. . .Adieu!. . .
(*Tous saluent Roxane, se resaluent entre eux, se séparent et s'éloignent*

par différentes rues. Roxane voit Christian):
C'est vous!. . .
(*Elle va à lui*):
Le soir descend.
Attendez. Ils sont loin. L'air est doux. Nul passant.
Asseyons-nous. Parlez. J'écoute.

CHRISTIAN (*s'assied près d'elle, sur le banc. Un silence*):
Je vous aime.

ROXANE (*fermant les yeux*):
Oui, parlez-moi d'amour.

CHRISTIAN:
Je t'aime.

ROXANE:
C'est le thème.
Brodez, brodez.

CHRISTIAN:
Je vous. . .

ROXANE:
Brodez!

CHRISTIAN:
Je t'aime tant.

ROXANE:
Sans doute! Et puis?

CHRISTIAN:
Et puis. . .je serais si content
Si vous m'aimiez!—Dis-moi, Roxane, que tu m'aimes!

ROXANE (*avec une moue*):
Vous m'offrez du brouet quand j'espérais des crèmes!
Dites un peu comment vous m'aimez?. . .

CHRISTIAN:
Mais. . .beaucoup.

ROXANE:
Oh!. . .Délabyrinthez vos sentiments!

CHRISTIAN (*qui s'est rapproché et dévore des yeux la nuque blonde*):
Ton cou!
Je voudrais l'embrasser!. . .

ROXANE:
Christian!

CHRISTIAN:
Je t'aime!

ROXANE (*voulant se lever*):
Encore!

CHRISTIAN (*vivement, la retenant*):
Non! je ne t'aime pas!

ROXANE (*se rasseyant*):
C'est heureux!

CHRISTIAN:
Je t'adore!

ROXANE (*se levant et s'éloignant*):
Oh!

CHRISTIAN:
Oui. . .je deviens sot!

ROXANE (*sèchement*):
Et cela me déplaît!
Comme il me déplairait que vous devinssiez laid.

CHRISTIAN:
Mais. . .

ROXANE:
Allez rassembler votre éloquence en fuite!

CHRISTIAN:
Je. . .

ROXANE:
Vous m'aimez, je sais. Adieu.
(*Elle va vers la maison.*)

CHRISTIAN:
Pas tout de suite!
Je vous dirai. . .

ROXANE (*poussant la porte pour rentrer*):
Que vous m'adorez. . .oui, je sais.
Non! Non! Allez-vous-en!

CHRISTIAN:
Mais je. . .
(*Elle lui ferme la porte au nez.*)

CYRANO (*qui depuis un moment est rentré sans être vu*):
C'est un succès.

Scène 3.VI.

Christian, Cyrano, les pages, un instant.

CHRISTIAN:
Au secours!

CYRANO:
Non monsieur.

CHRISTIAN:
Je meurs si je ne rentre
En grâce, à l'instant même. . .

CYRANO:
Et comment puis-je, diantre!
Vous faire à l'instant même, apprendre?. . .

CHRISTIAN (*lui saisissant le bras*):
Oh! là, tiens, vois!
(*La fenêtre du balcon s'est éclairée*):

CYRANO (*ému*):
Sa fenêtre!

CHRISTIAN (*criant*):
Je vais mourir!

CYRANO:
Baissez la voix!

CHRISTIAN (*tout bas*):
Mourir!. . .

CYRANO:
La nuit est noire. . .

CHRISTIAN:
Eh! bien?

CYRANO:
C'est réparable.
Vous ne méritez pas. . .Mets-toi là, misérable!
Là, devant le balcon! Je me mettrai dessous. . .
Et je te soufflerai tes mots.

CHRISTIAN:
Mais. . .

CYRANO:
Taisez-vous!

LES PAGES (*reparaissant au fond, à Cyrano*):
Hep!

CYRANO:
Chut!. . .
(*Il leur fait signe de parler bas.*)

PREMIER PAGE (*à mi-voix*):
Nous venons de donner la sérénade
A Montfleury!. . .

CYRANO (*bas, vite*):
Allez-vous mettre en embuscade
L'un à ce coin de rue, et l'autre à celui-ci;
Et si quelque passant gênant vient par ici,
Jouez un air!

DEUXIÈME PAGE:
Quel air, monsieur le gassendiste?

CYRANO:
Joyeux pour une femme, et pour un homme, triste!
(*Les pages disparaissent, un à chaque coin de rue.—A Christian*):
Appelle-la!

CHRISTIAN:
Roxane!

CYRANO (*ramassant des cailloux qu'il jette dans les vitres*):
Attends! Quelques cailloux.

Scène VII.

Roxane, Christian, Cyrano, d'abord caché sous le balcon.

ROXANE (*entr'ouvrant sa fenêtre*):
Qui donc m'appelle?

CHRISTIAN:
Moi.

ROXANE:
Qui, moi?

CHRISTIAN:
Christian.

ROXANE (*avec dédain*):
C'est vous?

CHRISTIAN:
Je voudrais vous parler.

CYRANO (*sous le balcon, à Christian*):
Bien. Bien. Presque à voix basse.

ROXANE:
Non! Vous parlez trop mal. Allez-vous-en!

CHRISTIAN:
De grâce!. . .

ROXANE:
Non! Vous ne m'aimez plus!

CHRISTIAN (*à qui Cyrano souffle ses mots*):
M'accuser,—justes dieux!—
De n'aimer plus. . .quand. . .j'aime plus!

ROXANE (*qui allait refermer sa fenêtre, s'arrêtant*):
Tiens! mais c'est mieux!

CHRISTIAN (*même jeu*):
L'amour grandit bercé dans mon âme inquiète. . .
Que ce. . .cruel marmot prit pour. . .barcelonnette!

ROXANE (*s'avançant sur le balcon*):
C'est mieux!—Mais, puisqu'il est cruel, vous fûtes sot
De ne pas, cet amour, l'étouffer au berceau!

CHRISTIAN (*même jeu*):
Aussi l'ai-je tenté, mais. . .tentative nulle:
Ce. . .nouveau-né, Madame, est un petit. . .Hercule.

ROXANE:
C'est mieux!

CHRISTIAN (*même jeu*):
De sorte qu'il. . .strangula comme rien. . .
Les deux serpents. . .Orgueil et. . .Doute.

ROXANE (*s'accoudant au balcon*):
Ah! c'est très bien.
—Mais pourquoi parlez-vous de façon peu hâtive?
Auriez-vous donc la goutte à l'imaginative?

CYRANO (*tirant Christian sous le balcon, et se glissant à sa place*):
Chut! Cela devient trop difficile!. . .

ROXANE:
Aujourd'hui. . .
Vos mots sont hésitants. Pourquoi?

CYRANO (*parlant à mi-voix, comme Christian*):
C'est qu'il fait nuit,
Dans cette ombre, à tâtons, ils cherchent votre oreille.

ROXANE:
Les miens n'éprouvent pas difficulté pareille.

CYRANO:
Ils trouvent tout de suite? Oh! cela va de soi,
Puisque c'est dans mon cœur, eux, que je les reçois;
Or, moi, j'ai le cœur grand, vous, l'oreille petite.
D'ailleurs vos mots à vous, descendent: ils vont vite.
Les miens montent, Madame: il leur faut plus de temps!

ROXANE:
Mais ils montent bien mieux depuis quelques instants.

CYRANO:
De cette gymnastique, ils ont pris l'habitude!

ROXANE:
Je vous parle, en effet, d'une vraie altitude!

CYRANO:
Certe, et vous me tueriez si de cette hauteur
Vous me laissiez tomber un mot dur sur le cœur!

ROXANE (*avec un mouvement*):
Je descends.

CYRANO (*vivement*)
Non!

ROXANE (*lui montrant le banc qui est sous le balcon*):
Grimpez sur le banc, alors, vite!

CYRANO (*reculant avec effroi dans la nuit*):
Non!

ROXANE:
Comment. . .non?

CYRANO (*que l'émotion gagne de plus en plus*):
Laissez un peu que l'on profite. . .
De cette occasion qui s'offre. . .de pouvoir
Se parler doucement, sans se voir.

ROXANE:
Sans se voir?

CYRANO:
Mais oui, c'est adorable. On se devine à peine.
Vous voyez la noirceur d'un long manteau qui traîne,
J'aperçois la blancheur d'une robe d'été:
Moi je ne suis qu'une ombre, et vous qu'une clarté!
Vous ignorez pour moi ce que sont ces minutes!
Si quelquefois je fus éloquent. . .

ROXANE:
Vous le fûtes!

CYRANO:
Mon langage jamais jusqu'ici n'est sorti
De mon vrai cœur. . .

ROXANE:
Pourquoi?

CYRANO:
Parce que. . .jusqu'ici
Je parlais à travers. . .

ROXANE:
Quoi?

CYRANO:
. . .le vertige où tremble
Quiconque est sous vos yeux!. . .Mais, ce soir, il me semble. . .
Que je vais vous parler pour la première fois!

ROXANE:
C'est vrai que vous avez une tout autre voix.

CYRANO (*se rapprochant avec fièvre*):
Oui, tout autre, car dans la nuit qui me protège
J'ose être enfin moi-même, et j'ose. . .
(*Il s'arrête et avec égarement*):
Où en étais-je?
Je ne sais. . .tout ceci,—pardonnez mon émoi,—
C'est si délicieux,. . .c'est si nouveau pour moi!

ROXANE:
Si nouveau?

CYRANO (*bouleversé, et essayant toujours de rattraper ses mots*):
Si nouveau. . .mais oui. . .d'être sincère:
La peur d'être raillé, toujours au cœur me serre. . .

ROXANE:
Raillé de quoi?

CYRANO:
Mais de. . .d'un élan!. . .Oui, mon cœur
Toujours, de mon esprit s'habille, par pudeur:
Je pars pour décrocher l'étoile, et je m'arrête
Par peur du ridicule, à cueillir la fleurette!

ROXANE:
La fleurette a du bon.

CYRANO:
Ce soir, dédaignons-la!

ROXANE:
Vous ne m'aviez jamais parlé comme cela!

CYRANO:
Ah! si loin des carquois, des torches et des flèches,
On se sauvait un peu vers des choses. . .plus fraîches!
Au lieu de boire goutte à goutte, en un mignon
Dé à coudre d'or fin, l'eau fade du Lignon,
Si l'on tentait de voir comment l'âme s'abreuve
En buvant largement à même le grand fleuve!

ROXANE:
Mais l'esprit?. . .

CYRANO:
J'en ai fait pour vous faire rester
D'abord, mais maintenant ce serait insulter
Cette nuit, ces parfums, cette heure, la Nature,
Que de parler comme un billet doux de Voiture!
—Laissons, d'un seul regard de ses astres, le ciel
Nous désarmer de tout notre artificiel:
Je crains tant que parmi notre alchimie exquise
Le vrai du sentiment ne se volatilise,
Que l'âme ne se vide à ces passe-temps vains,
Et que le fin du fin ne soit la fin des fins!

ROXANE:
Mais l'esprit?. . .

CYRANO:
Je le hais dans l'amour! C'est un crime
Lorsqu'on aime de trop prolonger cette escrime!
Le moment vient d'ailleurs inévitablement,
—Et je plains ceux pour qui ne vient pas ce moment!—
Où nous sentons qu'en nous une amour noble existe
Que chaque joli mot que nous disons rend triste!

ROXANE:
Eh bien! si ce moment est venu pour nous deux,
Quels mots me direz-vous?

CYRANO:
Tous ceux, tous ceux, tous ceux
Qui me viendront, je vais vous les jeter, en touffe,
Sans les mettre en bouquet: je vous aime, j'étouffe,
Je t'aime, je suis fou, je n'en peux plus, c'est trop;
Ton nom est dans mon cœur comme dans un grelot,
Et comme tout le temps, Roxane, je frissonne,
Tout le temps, le grelot s'agite, et le nom sonne!
De toi, je me souviens de tout, j'ai tout aimé:
Je sais que l'an dernier, un jour, le douze mai,
Pour sortir le matin tu changeas de coiffure!
J'ai tellement pris pour clarté ta chevelure
Que, comme lorsqu'on a trop fixé le soleil,
On voit sur toute chose ensuite un rond vermeil,
Sur tout, quand j'ai quitté les feux dont tu m'inondes,
Mon regard ébloui pose des taches blondes!

ROXANE (*d'une voix troublée*):
Oui, c'est bien de l'amour. . .

CYRANO:
Certes, ce sentiment
Qui m'envahit, terrible et jaloux, c'est vraiment
De l'amour, il en a toute la fureur triste!
De l'amour,—et pourtant il n'est pas égoïste!
Ah! que pour ton bonheur je donnerais le mien,
Quand même tu devrais n'en savoir jamais rien,
S'il se pouvait, parfois, que de loin, j'entendisse
Rire un peu le bonheur né de mon sacrifice!
—Chaque regard de toi suscite une vertu
Nouvelle, une vaillance en moi! Commences-tu
À comprendre, à présent? voyons, te rends-tu compte?
Sens-tu mon âme, un peu, dans cette ombre, qui monte?. . .
Oh! mais vraiment, ce soir, c'est trop beau, c'est trop doux!
Je vous dis tout cela, vous m'écoutez, moi, vous!
C'est trop! Dans mon espoir même le moins modeste,
Je n'ai jamais espéré tant! Il ne me reste
Qu'à mourir maintenant! C'est à cause des mots
Que je dis qu'elle tremble entre les bleus rameaux!
Car vous tremblez, comme une feuille entre les feuilles!
Car tu trembles! car j'ai senti, que tu le veuilles
Ou non, le tremblement adoré de ta main

Descendre tout le long des branches du jasmin!
(*Il baise éperdument l'extrémité d'une branche pendante.*)

ROXANE:
Oui, je tremble, et je pleure, et je t'aime, et suis tienne!
Et tu m'as enivrée!

CYRANO:
Alors, que la mort vienne!
Cette ivresse, c'est moi, moi, qui l'ai su causer!
Je ne demande plus qu'une chose. . .

CHRISTIAN (*sous le balcon*):
Un baiser!

ROXANE (*se rejetant en arrière*):
Hein?

CYRANO:
Oh!

ROXANE:
Vous demandez?

CYRANO:
Oui. . .je. . .
(*A Christian bas*):
Tu vas trop vite.

CHRISTIAN:
Puisqu'elle est si troublée, il faut que j'en profite!

CYRANO (*à Roxane*):
Oui, je. . .j'ai demandé, c'est vrai. . .mais justes cieux!
Je comprends que je fus bien trop audacieux.

ROXANE (*un peu déçue*):
Vous n'insistez pas plus que cela?

CYRANO:
Si! j'insiste. . .

Sans insister!. . .Oui, oui! votre pudeur s'attriste!
Eh bien! mais, ce baiser. . .ne me l'accordez pas!

CHRISTIAN (*à Cyrano, le tirant par son manteau*):
Pourquoi?

CYRANO:
Tais-toi, Christian!

ROXANE (*se penchant*):
Que dites-vous tout bas?

CYRANO:
Mais d'être allé trop loin, moi-même je me gronde;
Je me disais: tais toi, Christian!. . .
(*Les théorbes se mettent à jouer*):
Une seconde!. . .
On vient!
(*Roxane referme la fenêtre. Cyrano écoute les théorbes, dont l'un joue un air folâtre et l'autre un air lugubre*):
Air triste? Air gai?. . .Quel est donc leur dessein?
Est-ce un homme? Une femme?—Ah! c'est un capucin!
(*Entre un capucin qui va de maison en maison, une lanterne à la main, regardant les portes.*)

Scène 3.VIII.

Cyrano, Christian, un capucin.

CYRANO (*au capucin*):
Quel est ce jeu renouvelé de Diogène?

LE CAPUCIN:
Je cherche la maison de madame. . .

CHRISTIAN:
Il nous gêne!

LE CAPUCIN:
Magdeleine Robin. . .

CHRISTIAN:
Que veut-il?. . .

CYRANO (*lui montrant une rue montante*):
Par ici!
Tout droit,—toujours tout droit. . .

LE CAPUCIN
Je vais pour vous!—Merci
Dire mon chapelet jusqu'au grain majuscule.
(*Il sort.*)

CYRANO:
Bonne chance! Mes vœux suivent votre cuculle!
(*Il redescend vers Christian.*)

Scène 3.IX.

Cyrano, Christian.

CHRISTIAN:
Obtiens-moi ce baiser!. . .

CYRANO:
Non!

CHRISTIAN:
Tôt ou tard!. . .

CYRANO:
C'est vrai!
Il viendra, ce moment de vertige enivré
Où vos bouches iront l'une vers l'autre, à cause
De ta moustache blonde et de sa lèvre rose!
(*A lui-même*):
J'aime mieux que ce soit à cause de. . .
(*Bruit des volets qui se rouvrent, Christian se cache sous le balcon.*)

Scène 3.X.

Cyrano, Christian, Roxane.

ROXANE (*s'avançant sur le balcon*):
C'est vous?
Nous parlions de. . .de. . .d'un. . .

CYRANO:
Baiser! Le mot est doux.
Je ne vois pas pourquoi votre lèvre ne l'ose;
S'il la brûle déjà, que sera-ce la chose?
Ne vous en faites pas un épouvantement:
N'avez-vous pas tantôt, presque insensiblement,
Quitté le badinage et glissé sans alarmes
Du sourire au soupir, et du soupir aux larmes!
Glissez encore un peu d'insensible façon:
Des larmes au baiser il n'y a qu'un frisson!

ROXANE:
Taisez-vous!

CYRANO:
Un baiser, mais à tout prendre, qu'est-ce?
Un serment fait d'un peu plus près, une promesse
Plus précise, un aveu qui veut se confirmer,
Un point rose qu'on met sur l'i du verbe aimer;
C'est un secret qui prend la bouche pour oreille,
Un instant d'infini qui fait un bruit d'abeille,
Une communion ayant un goût de fleur,
Une façon d'un peu se respirer le cœur,
Et d'un peu se goûter, au bord des lèvres, l'âme!

ROXANE:
Taisez-vous!

CYRANO:
Un baiser, c'est si noble, Madame,
Que la reine de France, au plus heureux des lords,
En a laissé prendre un, la reine même!

ROXANE:
Alors!

CYRANO (*s'exaltant*):
J'eus comme Buckingham des souffrances muettes,
J'adore comme lui la reine que vous êtes,
Comme lui je suis triste et fidèle. . .

ROXANE:
Et tu es
Beau comme lui!

CYRANO (*à part, dégrisé*):
C'est vrai, je suis beau, j'oubliais!

ROXANE:
Eh bien! montez cueillir cette fleur sans pareille. . .

CYRANO (*poussant Christian vers le balcon*):
Monte!

ROXANE:
Ce goût de cœur. . .

CYRANO:
Monte!

ROXANE:
Ce bruit d'abeille. . .

CYRANO:
Monte!

CHRISTIAN (*hésitant*):
Mais il me semble, à présent, que c'est mal!

ROXANE:
Cet instant d'infini!. . .

CYRANO (*le poussant*):
Monte donc, animal!
(*Christian s'élance, et par le banc, le feuillage, les piliers, atteint les balustres qu'il enjambe.*)

CHRISTIAN:
Ah, Roxane!
(*Il l'enlace et se penche sur ses lèvres.*)

CYRANO:
Aïe! au cœur, quel pincement bizarre!
—Baiser, festin d'amour dont je suis le Lazare!
Il me vient dans cette ombre une miette de toi,—
Mais oui, je sens un peu mon cœur qui te reçoit,
Puisque sur cette lèvre où Roxane se leurre
Elle baise les mots que j'ai dits tout à l'heure!
(*On entend les théorbes*):
Un air triste, un air gai: le capucin!
(*Il feint de courir comme s'il arrivait de loin, et d'une voix claire*):
Holà!

ROXANE:
Qu'est ce?

CYRANO:
Moi. Je passais. . .Christian est encor là?

CHRISTIAN (*très étonné*):
Tiens Cyrano!

ROXANE:
Bonjour, cousin!

CYRANO:
Bonjour, cousine!

ROXANE:
Je descends!
(*Elle disparaît dans la maison. Au fond rentre le capucin.*)

CHRISTIAN (*l'apercevant*):
Oh! encor!
(*Il suit Roxane.*)

Scène 3.XI.

Cyrano, Christian, Roxane, le capucin, Ragueneau.

LE CAPUCIN:
C'est ici,—je m'obstine—
Magdeleine Robin!

CYRANO:
Vous aviez dit: Ro-lin.

LE CAPUCIN:
Non: Bin. B, i, n, bin!

ROXANE (*paraissant sur le seuil de la maison, suivie de Ragueneau qui porte une lanterne, et de Christian*):
Qu'est-ce?

LE CAPUCIN:
Une lettre.

CHRISTIAN:
Hein?

LE CAPUCIN (*à Roxane*):
Oh! il ne peut s'agir que d'une sainte chose!
C'est un digne seigneur qui. . .

ROXANE (*à Christian*):
C'est De Guiche!

CHRISTIAN:
Il ose?. . .

ROXANE:
Oh! mais il ne va pas m'importuner toujours!
(*Décachetant la lettre*):
Je t'aime, et si. . .
(*A la lueur de la lanterne de Ragueneau, elle lit, à l'écart, à voix basse*):
Mademoiselle,
Les tambours

Battent; mon régiment boucle sa soubreveste;
Il part; moi, l'on me croit déjà parti: je reste.
Je vous désobéis. Je suis dans ce couvent.
Je vais venir, et vous le mande auparavant
Par un religieux simple comme une chèvre
Qui ne peut rien comprendre à ceci. Votre lèvre
M'a trop souri tantôt: j'ai voulu la revoir.
Éloignez un chacun, et daignez recevoir
L'audacieux déjà pardonné, je l'espère,
Qui signe votre très. . .et caetera. . .
(*Au capucin*):
Mon Père,
Voici ce que me dit cette lettre. Écoutez:
(*Tous se rapprochent, elle lit à haute voix*):
Mademoiselle,
Il faut souscrire aux volontés
Du cardinal, si dur que cela vous puisse être.
C'est la raison pourquoi j'ai fait choix, pour remettre
Ces lignes en vos mains charmantes, d'un très saint,
D'un très intelligent et discret capucin;
Nous voulons qu'il vous donne, et dans votre demeure,
La bénédiction
(*Elle tourne la page*):
nuptiale sur l'heure.
Christian doit en secret devenir votre époux;
Je vous l'envoie. Il vous déplaît. Résignez-vous.
Songez bien que le ciel bénira votre zèle,
Et tenez pour tout assuré, Mademoiselle,
Le respect de celui qui fut et qui sera
Toujours votre très humble et très. . .et cætera.

LE CAPUCIN (*rayonnant*):
Digne seigneur!. . .Je l'avais dit. J'étais sans crainte!
Il ne pouvait s'agir que d'une chose sainte!

ROXANE (*bas à Christian*):
N'est-ce pas que je lis très bien les lettres?

CHRISTIAN:
Hum!

ROXANE (*haut, avec désespoir*):
Ah!. . .c'est affreux!

LE CAPUCIN (*qui a dirigé sur Cyrano la clarté de sa lanterne*):
C'est vous?

CHRISTIAN:
C'est moi!

LE CAPUCIN (*tournant la lumière vers lui, et, comme si un doute lui venait, en voyant sa beauté*):
Mais. . .

ROXANE (*vivement*):
Post-scriptum:
Donnez pour le couvent cent vingt pistoles.

LE CAPUCIN:
Digne,
Digne seigneur!
(*A Roxane*):
Résignez-vous?

ROXANE (*en martyre*):
Je me résigne!
(*Pendant que Ragueneau ouvre la porte au capucin que Christian invite à entrer, elle dit bas à Cyrano*):
Vous, retenez ici De Guiche! Il va venir!
Qu'il n'entre pas tant que. . .

CYRANO:
Compris!
(*Au capucin*):
Pour les bénir
Il vous faut?. . .

LE CAPUCIN:
Un quart d'heure.

CYRANO (*les poussant tous vers la maison*):
Allez! moi, je demeure!

ROXANE (*à Christian*):
Viens!. . .
(*Ils entrent.*)

Scène XII.

Cyrano, seul.

CYRANO:
Comment faire perdre à De Guiche un quart d'heure.
(*Il se précipite sur le banc, grimpe au mur, vers le balcon*):
Là!...Grimpons!...J'ai mon plan!...
(*Les théorbes se mettent à jouer une phrase lugubre*):
Ho! c'est un homme!
(*Le trémolo devient sinistre*):
Ho! ho!
Cette fois, c'en est un!...
(*Il est sur le balcon, il rabaisse son feutre sur ses yeux, ôte son épée, se drape dans sa cape, puis se penche et regarde au dehors*):
Non, ce n'est pas trop haut!...
(*Il enjambe les balustres et attirant à lui la longue branche d'un des arbres qui débordent le mur du jardin, il s'y accroche des deux mains, prêt a se laisser tomber*):
Je vais légèrement troubler cette atmosphère!...

Scène 3.XIII.

Cyrano, De Guiche.

DE GUICHE (*qui entre, masqué, tâtonnant dans la nuit*):
Qu'est-ce que ce maudit capucin peut bien faire?

CYRANO:
Diable! Et ma voix?...S'il la reconnaissait?
(*Lâchant d'une main, il a l'air de tourner une invisible clef*):
Cric! Crac!
(*Solennellement*):
Cyrano, reprenez l'accent de Bergerac!...

DE GUICHE (*regardant la maison*):
Oui, c'est là. J'y vois mal. Ce masque m'importune!
(*Il va pour entrer, Cyrano saute du balcon en se tenant à la branche, qui plie, et le dépose entre la porte et De Guiche; il feint de tomber lourdement, comme si c'était de très haut, et s'aplatit par terre, où il reste immobile, comme étourdi. De Guiche fait un bond en arrière*):
Hein? quoi?
(*Quand il lève les yeux, la branche s'est redressée; il ne voit que le ciel;*

il ne comprend pas):
D'où tombe donc cet homme?

CYRANO (*se mettant sur son séant, et avec l'accent de Gascogne*):
De la lune!

DE GUICHE:
De la?. . .

CYRANO (*d'une voix de rêve*):
Quelle heure est-il?

DE GUICHE:
N'a-t-il plus sa raison?

CYRANO:
Quelle heure? Quel pays? Quel jour? Quelle saison?

DE GUICHE:
Mais. . .

CYRANO:
Je suis étourdi!

DE GUICHE:
Monsieur. . .

CYRANO:
Comme une bombe
Je tombe de la lune!

DE GUICHE (*impatienté*):
Ah ça! Monsieur!

CYRANO (*se relevant, d'une voix terrible*):
J'en tombe!

DE GUICHE (*reculant*):
Soit! soit! vous en tombez!. . .c'est peut-être un dément!

CYRANO (*marchant sur lui*):
Et je n'en tombe pas métaphoriquement!. . .

DE GUICHE:
Mais. . .

CYRANO:
Il y a cent ans, ou bien une minute,
—J'ignore tout à fait ce que dura ma chute!—
J'étais dans cette boule à couleur de safran!

DE GUICHE (*haussant les épaules*):
Oui. Laissez-moi passer!

CYRANO (*s'interposant*):
Où suis-je? soyez franc!
Ne me déguisez rien! En quel lieu, dans quel site,
Viens-je de choir, Monsieur, comme un aérolithe?

DE GUICHE:
Morbleu!. . .

CYRANO:
Tout en cheyant je n'ai pu faire choix
De mon point d'arrivée,—et j'ignore où je chois!
Est-ce dans une lune ou bien dans une terre,
Que vient de m'entraîner le poids de mon postère?

DE GUICHE:
Mais je vous dis, Monsieur. . .

CYRANO (*avec un cri de terreur qui fait reculer de Guiche*):
Ha! grand Dieu!. . .je crois voir
Qu'on a dans ce pays le visage tout noir!

DE GUICHE (*portant la main à son visage*):
Comment?

CYRANO (*avec une peur emphatique*):
Suis-je en Alger? Êtes-vous indigène?. . .

DE GUICHE (*qui a senti son masque*):
Ce masque!. . .

CYRANO (*feignant de se rassurer un peu*):
Je suis donc dans Venise, ou dans Gêne?

DE GUICHE (*voulant passer*):
Une dame m'attend!. . .

CYRANO (*complètement rassuré*):
Je suis donc à Paris.

DE GUICHE (*souriant malgré lui*):
Le drôle est assez drôle!

CYRANO:
Ah! vous riez?

DE GUICHE:
Je ris,
Mais veux passer!

CYRANO (*rayonnant*):
C'est à Paris que je retombe!
(*Tout à fait à son aise, riant, s'époussetant, saluant*):
J'arrive—excusez-moi!—par la dernière trombe.
Je suis un peu couvert d'éther. J'ai voyagé!
J'ai les yeux tout remplis de poudre d'astres. J'ai
Aux éperons, encor, quelques poils de planète!
(*Cueillant quelque chose sur sa manche*):
Tenez, sur mon pourpoint, un cheveu de comète!. . .
(*Il souffle comme pour le faire envoler.*)

DE GUICHE (*hors de lui*):
Monsieur!. . .

CYRANO (*au moment où il va passer, tend sa jambe comme pour y
montrer quelque chose et l'arrête*):
Dans mon mollet je rapporte une dent
De la Grande Ourse,—et comme, en frôlant le Trident,
Je voulais éviter une de ses trois lances,
Je suis allé tomber assis dans les Balances,—
Dont l'aiguille, à présent, là-haut, marque mon poids!

(*Empêchant vivement de Guiche de passer et le prenant à un bouton du pourpoint*):
Si vous serriez mon nez, Monsieur, entre vos doigts,
Il jaillirait du lait!

DE GUICHE:
Hein? du lait?. . .

CYRANO:
De la Voie
Lactée!. . .

DE GUICHE:
Oh! Par l'enfer!

CYRANO:
C'est le ciel qui m'envoie!
(*Se croisant les bras*):
Non! croiriez-vous, je viens de le voir en tombant,
Que Sirius, la nuit, s'affuble d'un turban?
(*Confidentiel*):
L'autre Ourse est trop petite encor pour qu'elle morde!
(*Riant*):
J'ai traversé la Lyre en cassant une corde!
(*Superbe*):
Mais je compte en un livre écrire tout ceci,
Et les étoiles d'or qu'en mon manteau roussi
Je viens de rapporter à mes périls et risques,
Quand on l'imprimera, serviront d'astérisques!

DE GUICHE:
A la parfin, je veux. . .

CYRANO:
Vous, je vous vois venir!

DE GUICHE:
Monsieur!

CYRANO:
Vous voudriez de ma bouche tenir
Comment la lune est faite, et si quelqu'un habite
Dans la rotondité de cette cucurbite?

DE GUICHE (*criant*):
Mais non! Je veux. . .

CYRANO:
Savoir comment j'y suis monté.
Ce fut par un moyen que j'avais inventé.

DE GUICHE (*découragé*):
C'est un fou!

CYRANO (*dédaigneux*):
Je n'ai pas refait l'aigle stupide
De Regiomontanus, ni le pigeon timide
D'Archytas!. . .

DE GUICHE:
C'est un fou,—mais c'est un fou savant.

CYRANO:
Non, je n'imitai rien de ce qu'on fit avant!
(*De Guiche a réussi à passer et il marche vers la porte de Roxane.
Cyrano le suit, prêt a l'empoigner*):
J'inventai six moyens de violer l'azur vierge!

DE GUICHE (*se retournant*):
Six?

CYRANO (*avec volubilité*):
Je pouvais, mettant mon corps nu comme un cierge,
La caparaçonner de fioles de cristal
Toutes pleines des pleurs d'un ciel matutinal,
Et ma personne, alors, au soleil exposée,
L'astre l'aurait humée en humant la rosée!

DE GUICHE (*surpris et faisant un pas vers Cyrano*):
Tiens! Oui, cela fait un!

CYRANO (*reculant pour l'entraîner de l'autre côté*):
Et je pouvais encor
Faire engouffrer du vent, pour prendre mon essor,
En raréfiant l'air dans un coffre de cèdre
Par des miroirs ardents, mis en icosaèdre!

DE GUICHE (*fait encore un pas*):
Deux!

CYRANO (*reculant toujours*):
Ou bien, machiniste autant qu'artificier,
Sur une sauterelle aux détentes d'acier,
Me faire, par des feux successifs de salpêtre,
Lancer dans les prés bleus où les astres vont paître!

DE GUICHE (*le suivant, sans s'en douter, et comptant sur ses doigts*):
Trois!

CYRANO:
Puisque la fumée a tendance à monter,
En souffler dans un globe assez pour m'emporter!

DE GUICHE (*même jeu, de plus en plus étonné*):
Quatre!

CYRANO:
Puisque Phœbé, quand son arc est le moindre,
Aime sucer, ô bœufs, votre moëlle. . .m'en oindre!

DE GUICHE (*stupéfait*):
Cinq!

CYRANO (*qui en parlant l'a amené jusqu'à l'autre côté de la place, près d'un banc*):
Enfin, me plaçant sur un plateau de fer,
Prendre un morceau d'aimant et le lancer en l'air!
Ça, c'est un bon moyen: le fer se précipite,
Aussitôt que l'aimant s'envole, à sa poursuite;
On relance l'aimant bien vite, et cadédis!
On peut monter ainsi indéfiniment.

DE GUICHE:
Six!
—Mais voilà six moyens excellents!. . .Quel système
Choisîtes-vous des six, Monsieur?

CYRANO:
Un septième!

DE GUICHE:
Par exemple! Et lequel?

CYRANO:
Je vous le donne en cent!. . .

DE GUICHE:
C'est que ce mâtin-là devient intéressant!

CYRANO (*faisant le bruit des vagues avec de grands gestes mystérieux*):
Houüh! houüh!

DE GUICHE:
Eh bien!

CYRANO:
Vous devinez?

DE GUICHE:
Non!

CYRANO:
La marée!. . .
A l'heure où l'onde par la lune est attirée,
Je me mis sur la sable—après un bain de mer—
Et la tête partant la première, mon cher,
—Car les cheveux, surtout, gardent l'eau dans leur frange!—
Je m'enlevai dans l'air, droit, tout droit, comme un ange.
Je montais, je montais doucement, sans efforts,
Quand je sentis un choc!. . .Alors. . .

DE GUICHE (*entraîné par la curiosité, et s'asseyant sur le banc*):
Alors?

CYRANO:
Alors. . .
(*Reprenant sa voix naturelle*):
Le quart d'heure est passé, Monsieur, je vous délivre:
Le mariage est fait.

DE GUICHE (*se relevant d'un bond*):
Çà, voyons, je suis ivre!. . .

Cette voix?
(*La porte de la maison s'ouvre, des laquais paraissent portant des candélabres allumés. Lumière. Cyrano ôte son chapeau au bord abaissé*):
Et ce nez—Cyrano?

CYRANO (*saluant*):
Cyrano.
—Ils viennent à l'instant d'échanger leur anneau.

DE GUICHE:
Qui cela?
(*Il se retourne.—Tableau. Derrière les laquais, Roxane et Christian se tiennent par la main. Le capucin les suit en souriant. Ragueneau élève aussi un flambeau. La duègne ferme la marche, ahurie, en petit saut de lit*):
Ciel!

Scène 3.XIV.

Les mêmes, Roxane, Christian, le capucin, Ragueneau, laquais, la duègne.

DE GUICHE (*à Roxane*):
Vous?
(*Reconnaissant Christian avec stupeur*):
Lui?
(*Saluant Roxane avec admiration*):
Vous êtes des plus fines!
(*A Cyrano*):
Mes compliments, Monsieur l'inventeur des machines:
Votre récit eût fait s'arrêter au portail
Du paradis, un saint! Notez-en le détail,
Car vraiment cela peut resservir dans un livre!

CYRANO (*s'inclinant*):
Monsieur, c'est un conseil que je m'engage à suivre.

LE CAPUCIN (*montrant les amants à De Guiche et hochant avec satisfaction sa grande barbe blanche*):
Un beau couple, mon fils, réuni là par vous!

DE GUICHE (*le regardant d'un œil glacé*):
Oui.

(*A Roxane*):
Veuillez dire adieu, Madame, à votre époux.

ROXANE:
Comment?

DE GUICHE (*à Christian*):
Le régiment déjà se met en route.
Joignez-le!

ROXANE:
Pour aller à la guerre?

DE GUICHE:
Sans doute!

ROXANE:
Mais, Monsieur, les cadets n'y vont pas!

DE GUICHE:
Ils iront.
(*Tirant le papier qu'il avait mis dans sa poche*):
Voici l'ordre.
(*A Christian*):
Courez le porter, vous, baron.

ROXANE (*se jetant dans les bras de Christian*):
Christian!

DE GUICHE (*ricanant, à Cyrano*):
La nuit de noce est encore lointaine!

CYRANO (*à part*):
Dire qu'il croit me faire énormément de peine!

CHRISTIAN (*à Roxane*):
Oh! tes lèvres encor!

CYRANO:
Allons, voyons, assez!

CHRISTIAN (*continuant à embrasser Roxane*):
C'est dur de la quitter. . .Tu ne sais pas. . .

CYRANO (*cherchant à l'entraîner*):
Je sais.
(*On entend au loin des tambours qui battent une marche.*)

DE GUICHE (*qui est remonté au fond*):
Le régiment qui part!

ROXANE (*à Cyrano, en retenant Christian qu'il essaye toujours d'entraîner*):
Oh!. . .je vous le confie!
Promettez-moi que rien ne va mettre sa vie
En danger!

CYRANO:
J'essaierai. . .mais ne peux cependant
Promettre. . .

ROXANE (*même jeu*):
Promettez qu'il sera très prudent!

CYRANO:
Oui, je tâcherai, mais. . .

ROXANE (*même jeu*):
Qu'à ce siège terrible
Il n'aura jamais froid!

CYRANO:
Je ferai mon possible.
Mais. . .

ROXANE (*même jeu*):
Qu'il sera fidèle!

CYRANO:
Eh oui! sans doute, mais. . .

ROXANE (*même jeu*):
Qu'il m'écrira souvent!

CYRANO (*s'arrêtant*):
Ça,—je vous le promets!

Rideau.

Acte IV.

Les Cadets de Gascogne.

Le poste qu'occupe la compagnie de Carbon de Castel-Jaloux au siège d'Arras.

Au fond, talus traversant toute la scène. Au delà s'aperçoit un horizon de plaine: le pays couvert de travaux de siège. Les murs d'Arras et la silhouette de ses toits sur le ciel, très loin.

Tentes; armes éparses; tambours, etc.—Le jour va se lever. Jaune Orient.—Sentinelles espacées. Feux.

Roulés dans leurs manteaux, les Cadets de Gascogne dorment. Carbon de Castel-Jaloux et Le Bret veillent. Ils sont très pâles et très maigris. Christian dort, parmi les autres, dans sa cape, au premier plan, le visage éclairé par un feu. Silence.

Scène 4.I.

Christian, Carbon de Castel-Jaloux, Le Bret, les cadets, puis Cyrano.

LE BRET:
C'est affreux!

CARBON:
Oui. Plus rien.

LE BRET:
Mordious!

CARBON (*lui faisant signe de parler plus bas*):
Jure en sourdine!
Tu vas les réveiller.
(*Aux cadets*):
Chut! Dormez!
(*A Le Bret*):
Qui dort dîne!

LE BRET:
Quand on a l'insomnie on trouve que c'est peu!
Quelle famine!
(*On entend au loin quelques coups de feu.*)

CARBON:
Ah! maugrébis des coups de feu!. . .
Ils vont me réveiller mes enfants!
(*Aux cadets qui lèvent la tête*):
Dormez!
(*On se recouche. Nouveaux coups de feu plus rapprochés.*)

UN CADET (*s'agitant*):
Diantre!
Encore?

CARBON:
Ce n'est rien! C'est Cyrano qui rentre!
(*Les têtes qui s'étaient relevées se recouchent.*)

UNE SENTINELLE (*au dehors*):
Ventrebieu! qui va là?

LA VOIX DE CYRANO:
Bergerac!

LA SENTINELLE (*qui est sur le talus*):
Ventrebieu!
Qui va là?

CYRANO (*paraissant sur la crête*):
Bergerac, imbécile!
(*Il descend. Le Bret va au-devant de lui, inquiet*):

LE BRET:
Ah! grand Dieu!

CYRANO (*lui faisant signe de ne réveiller personne*):
Chut!

LE BRET:
Blessé?

CYRANO:
Tu sais bien qu'ils ont pris l'habitude
De me manquer tous les matins!

LE BRET:
C'est un peu rude,
Pour porter une lettre, à chaque jour levant,
De risquer!

CYRANO (*s'arrêtant devant Christian*):
J'ai promis qu'il écrirait souvent!
(*Il le regarde*):
Il dort. Il est pâli. Si la pauvre petite
Savait qu'il meurt de faim. . .Mais toujours beau!

LE BRET:
Va vite
Dormir!

CYRANO:
Ne grogne pas, Le Bret!. . .Sache ceci:
Pour traverser les rangs espagnols, j'ai choisi
Un endroit où je sais, chaque nuit, qu'ils sont ivres.

LE BRET:
Tu devrais bien un jour nous rapporter des vivres.

CYRANO:
Il faut être léger pour passer!—Mais je sais

Qu'il y aura ce soir du nouveau. Les Français
Mangeront ou mourront,—si j'ai bien vu. . .

LE BRET:
Raconte!

CYRANO:
Non. Je ne suis pas sûr. . .vous verrez!

CARBON:
Quelle honte,
Lorsqu'on est assiégeant, d'être affamé!

LE BRET:
Hélas!
Rien de plus compliqué que ce siège d'Arras:
Nous assiégeons Arras,—nous-mêmes, pris au piège,
Le cardinal infant d'Espagne nous assiège. . .

CYRANO:
Quelqu'un devrait venir l'assiéger à son tour.

LE BRET:
Je ne ris pas.

CYRANO:
Oh! oh!

LE BRET:
Penser que chaque jour
Vous risquez une vie, ingrat, comme la vôtre,
Pour porter. . .
(*Le voyant qui se dirige vers une tente*):
Où vas-tu?

CYRANO:
J'en vais écrire une autre.
(*Il soulève la toile et disparaît.*)

Scène 4.II.

Les mêmes, moins Cyrano.

(*Le jour s'est un peu levé. Lueurs roses. La ville d' Arras se dore à l'horizon. On entend un coup de canon immédiatement suivi d'une batterie de tambours, très au loin, vers la gauche. D'autres tambours battent plus près. Les batteries vont se répondant, et se rapprochant, éclatent presque en scène et s'éloignent vers la droite, parcourant le camp. Rumeurs de réveil. Voix lointaines d'officiers.*)

CARBON (*avec un soupir*):
La diane!. . .Hélas!
(*Les cadets s'agitent dans leurs manteaux, s'étirent*):
Sommeil succulent, tu prends fin!. . .
Je sais trop quel sera leur premier cri!

UN CADET (*se mettant sur son séant*):
J'ai faim!

UN AUTRE:
Je meurs!

TOUS:
Oh!

CARBON:
Levez-vous!

TROISIÈME CADET:
Plus un pas!

QUATRIÈME CADET:
Plus un geste!

LE PREMIER (*se regardant dans un morceau de cuirasse*):
Ma langue est jaune: l'air du temps est indigeste!

UN AUTRE:
Mon tortil de baron pour un peu de Chester!

UN AUTRE:
Moi, si l'on ne veut pas fournir à mon gaster
De quoi m'élaborer une pinte de chyle,
Je me retire sous ma tente—comme Achille!

UN AUTRE:
Oui, du pain!

CARBON (*allant à la tente où est entré Cyrano, à mi-voix*):
Cyrano!

D'AUTRES:
Nous mourons!

CARBON (*toujours à mi-voix, à la porte de la tente*):
Au secours!
Toi qui sais si gaiement leur répliquer toujours,
Viens les ragaillardir!

DEUXIÈME CADET (*se précipitant vers le premier qui mâchonne quelque chose*):
Qu'est-ce que tu grignotes!

LE PREMIER:
De l'étoupe à canon que dans les bourguignotes
On fait frire en la graisse à graisser les moyeux,
Les environs d'Arras sont très peu giboyeux!

UN AUTRE (*entrant*):
Moi, je viens de chasser!

UN AUTRE (*même jeu*):
J'ai pêché, dans la Scarpe!

TOUS (*debout, se ruant sur les deux nouveaux venus*):
Quoi!—Que rapportez-vous?—Un faisan?—Une carpe?—
Vite, vite, montrez!

LE PÊCHEUR:
Un goujon!

LE CHASSEUR:
Un moineau!

TOUS (*exaspérés*):
Assez!—Révoltons-nous!

CARBON:
Au secours, Cyrano!
(*Il fait maintenant tout à fait jour.*)

Scène 4.III.

Les mêmes, Cyrano.

CYRANO (*sortant de sa tente, tranquille, une plume à l'oreille, un livre à la main*):
Hein?
(*Silence. Au premier cadet*):
Pourquoi t'en vas-tu, toi, de ce pas qui traîne?

LE CADET:
J'ai quelque chose, dans les talons, qui me gêne!. . .

CYRANO:
Et quoi donc?

LE CADET:
L'estomac!

CYRANO:
Moi de même, pardi!

LE CADET:
Cela doit te gêner?

CYRANO:
Non, cela me grandit.

DEUXIÈME CADET:
J'ai les dents longues!

CYRANO:
Tu n'en mordras que plus large.

UN TROISIÈME:
Mon ventre sonne creux!

CYRANO:
Nous y battrons la charge.

UN AUTRE:
Dans les oreilles, moi, j'ai des bourdonnements.

CYRANO:
Non, non; ventre affamé, pas d'oreilles: tu mens!

UN AUTRE:
Oh! manger quelque chose,—à l'huile!

CYRANO (*le décoiffant et lui mettant son casque dans la main*):
Ta salade.

UN AUTRE:
Qu'est-ce qu'on pourrait bien dévorer?

CYRANO (*lui jetant le livre qu'il tient à la main*):
L'Iliade.

UN AUTRE:
Le ministre, à Paris, fait ses quatre repas!

CYRANO:
Il devrait t'envoyer du perdreau?

LE MÊME:
Pourquoi pas?
Et du vin!

CYRANO:
Richelieu, du Bourgogne, if you please?

LE MÊME:
Par quelque capucin!

CYRANO:
L'éminence qui grise?

UN AUTRE:
J'ai des faims d'ogre!

CYRANO:
Eh! bien!. . .tu croques le marmot!

LE PREMIER CADET (*haussant les épaules*):
Toujours le mot, la pointe!

CYRANO:
Oui, la pointe, le mot!
Et je voudrais mourir, un soir, sous un ciel rose,
En faisant un bon mot, pour une belle cause!
—Oh! frappé par la seule arme noble qui soit,
Et par un ennemi qu'on sait digne de soi,
Sur un gazon de gloire et loin d'un lit de fièvres,
Tomber la pointe au cœur en même temps qu'aux lèvres!

CRIS DE TOUS:
J'ai faim!

CYRANO (*se croisant les bras*):
Ah çà! mais vous ne pensez qu'à manger?. . .
—Approche, Bertrandou le fifre, ancien berger;
Du double étui de cuir tire l'un de tes fifres,
Souffle, et joue à ce tas de goinfres et de piffres
Ces vieux airs du pays, au doux rythme obsesseur,
Dont chaque note est comme une petite sœur,
Dans lesquels restent pris des sons de voix aimées,
Ces airs dont la lenteur est celle des fumées
Que le hameau natal exhale de ses toits,
Ces airs dont la musique a l'air d'être en patois!. . .
(*Le vieux s'assied et prépare son fifre*):
Que la flûte, aujourd'hui, guerrière qui s'afflige,
Se souvienne un moment, pendant que sur sa tige
Tes doigts semblent danser un menuet d'oiseau,
Qu'avant d'être d'ébène, elle fut de roseau;
Que sa chanson l'étonne, et qu'elle y reconnaisse

L'âme de sa rustique et paisible jeunesse!. . .
(*Le vieux commence à jouer des airs languedociens*):
Écoutez, les Gascons. . .Ce n'est plus, sous ses doigts,
Le fifre aigu des camps, c'est la flûte des bois!
Ce n'est plus le sifflet du combat, sous ses lèvres,
C'est le lent galoubet de nos meneurs de chèvres!. . .
Écoutez. . .C'est le val, la lande, la forêt,
Le petit pâtre brun sous son rouge béret,
C'est la verte douceur des soirs sur la Dordogne,
Écoutez, les Gascons: c'est toute la Gascogne!
(*Toutes les têtes se sont inclinées;—tous les yeux rêvent;—et des larmes sont furtivement essuyées, avec un revers de manche, un coin de manteau.*)

CARBON (*à Cyrano, bas*):
Mais tu les fais pleurer!

CYRANO:
De nostalgie!. . .Un mal
Plus noble que la faim!. . . pas physique: moral!
J'aime que leur souffrance ait changé de viscère,
Et que ce soit leur cœur, maintenant, qui se serre!

CARBON:
Tu vas les affaiblir en les attendrissant!

CYRANO (*qui a fait signe au tambour d'approcher*):
Laisse donc! Les héros qu'ils portent dans leur sang
Sont vite réveillés! Il suffit. . .
(*Il fait un geste. Le tambour roule.*)

TOUS (*se levant et se précipitant sur leurs armes*):
Hein?. . .Quoi?. . .Qu'est-ce?

CYRANO (*souriant*):
Tu vois, il a suffi d'un roulement de caisse!
Adieu, rêves, regrets, vieille province, amour. . .
Ce qui du fifre vient s'en va par le tambour!

UN CADET (*qui regarde au fond*):
Ah! Ah! Voici monsieur de Guiche.

TOUS LES CADETS (*murmurant*):
Hou. . .

CYRANO (*souriant*):
Murmure
Flatteur!

UN CADET:
Il nous ennuie!

UN AUTRE:
Avec, sur son armure,
Son grand col de dentelle, il vient faire le fier!

UN AUTRE:
Comme si l'on portait du linge sur du fer!

LE PREMIER:
C'est bon lorsque à son cou l'on a quelque furoncle!

LE DEUXIÈME:
Encore un courtisan!

UN AUTRE:
Le neveu de son oncle!

CARBON:
C'est un Gascon pourtant!

LE PREMIER:
Un faux!. . .Méfiez-vous!
Parce que, les Gascons. . .ils doivent être fous:
Rien de plus dangereux qu'un Gascon raisonnable.

LE BRET:
Il est pâle!

UN AUTRE:
Il a faim. . .autant qu'un pauvre diable!
Mais comme sa cuirasse a des clous de vermeil,
Sa crampe d'estomac étincelle au soleil!

CYRANO (*vivement*):
N'ayons pas l'air non plus de souffrir! Vous, vos cartes,
Vos pipes et vos dés. . .
(*Tous rapidement se mettent à jouer sur des tambours, sur des escabeaux et par terre, sur leurs manteaux, et ils allument de longues pipes de pétun*):
Et moi, je lis Descartes.
(*Il se promène de long en large et lit dans un petit livre qu'il a tiré de sa poche.—Tableau.—De Guiche entre. Tout le monde a l'air absorbé et content. Il est très pâle. Il va vers Carbon.*)

Scène 4.IV.

Les mêmes, de Guiche.

DE GUICHE (*à Carbon*):
Ah!—Bonjour!
(*Ils s'observent tous les deux. A part, avec satisfaction*):
Il est vert.

CARBON (*de même*):
Il n'a plus que les yeux.

DE GUICHE (*regardant les cadets*):
Voici donc les mauvaises têtes?. . .Oui, messieurs,
Il me revient de tous côtés qu'on me brocarde
Chez vous, que les cadets, noblesse montagnarde,
Hobereaux béarnais, barons périgourdins,
N'ont pour leur colonel pas assez de dédains,
M'appellent intrigant, courtisan,—qu'il les gêne
De voir sur ma cuirasse un col en point de Gêne,—
Et qu'ils ne cessent pas de s'indigner entre eux
Qu'on puisse être Gascon et ne pas être gueux!
(*Silence. On joue. On fume*):
Vous ferai-je punir par votre capitaine?
Non.

CARBON:
D'ailleurs, je suis libre et n'inflige de peine. . .

DE GUICHE:
Ah?

CARBON:
J'ai payé ma compagnie, elle est à moi.
Je n'obéis qu'aux ordres de guerre.

DE GUICHE:
Ah?. . .Ma foi!
Cela suffit.
(*S'adressant aux cadets*):
Je peux mépriser vos bravades.
On connaît ma façon d'aller aux mousquetades;
Hier, à Bapaume, on vit la furie avec quoi
J'ai fait lâcher le pied au comte de Bucquoi;
Ramenant sur ses gens les miens en avalanche,
J'ai chargé par trois fois!

CYRANO (*sans lever le nez de son livre*):
Et votre écharpe blanche?

DE GUICHE (*surpris et satisfait*):
Vous savez ce détail?. . .En effet, il advint,
Durant que je faisais ma caracole afin
De rassembler mes gens la troisième charge,
Qu'un remous de fuyards m'entraîna sur la marge
Des ennemis; j'étais en danger qu'on me prît
Et qu'on m'arquebusât, quand j'eus le bon esprit
De dénouer et de laisser couler à terre
L'écharpe qui disait mon grade militaire;
En sorte que je pus, sans attirer les yeux,
Quitter les Espagnols, et revenant sur eux,
Suivi de tous les miens réconfortés, les battre!
—Eh bien! que dites-vous de ce trait?
(*Les cadets n'ont pas l'air d'écouter; mais ici les cartes et les cornets à dés restent en l'air, la fumée des pipes demeure dans les joues: attente.*)

CYRANO:
Qu'Henri quatre
N'eût jamais consenti, le nombre l'accablant,
A se diminuer de son panache blanc.
(*Joie silencieuse. Les cartes s'abattent. Les dés tombe. La fumée s'échappe.*)

DE GUICHE:
L'adresse a réussi, cependant!
(*Même attente suspendant les jeux et les pipes.*)

CYRANO:
C'est possible.
Mais on n'abdique pas l'honneur d'être une cible.
(*Cartes, dés, fumées, s'abattent, tombent, s'envolent avec une satisfaction croissante*):
Si j'eusse été présent quand l'écharpe coula
—Nos courages, monsieur, diffèrent en cela—
Je l'aurais ramassée et me la serais mise.

DE GUICHE:
Oui, vantardise, encor, de gascon!

CYRANO:
Vantardise?. . .
Prêtez-la-moi. Je m'offre à monter, dès ce soir,
A l'assaut, le premier, avec elle en sautoir.

DE GUICHE:
Offre encor de gascon! Vous savez que l'écharpe
Resta chez l'ennemi, sur les bords de la Scarpe,
En un lieu que depuis la mitraille cribla,—
Où nul ne peut aller la chercher!

CYRANO (*tirant de sa poche l'écharpe blanche et la lui tendant*):
La voilà.
(*Silence. Les cadets étouffent leurs rires dans les cartes et dans les cornets à dés. De Guiche se retourne, les regarde: immédiatement ils reprennent leur gravité, leurs jeux; l'un d'eux sifflote avec indifférence l'air montagnard joué par le fifre.*)

DE GUICHE (*prenant l'écharpe*):
Merci. Je vais, avec ce bout d'étoffe claire,
Pouvoir faire un signal,—que j'hésitais à faire.
(*Il va au talus, y grimpe, et agite plusieurs fois l'écharpe en l'air.*)

TOUS:
Hein!

LA SENTINELLE (*en haut du talus*):
Cet homme, là-bas qui se sauve en courant!. . .

DE GUICHE (*redescendant*):
C'est un faux espion espagnol. Il nous rend

De grands services. Les renseignements qu'il porte
Aux ennemis sont ceux que je lui donne, en sorte
Que l'on peut influer sur leurs décisions.

CYRANO:
C'est un gredin!

DE GUICHE (*se nouant nonchalamment son écharpe*):
C'est très commode. Nous disions?. . .
—Ah! J'allais vous apprendre un fait. Cette nuit même,
Pour nous ravitailler tentant un coup suprême,
Le maréchal s'en fut vers Dourlens, sans tambours;
Les vivandiers du Roi sont là; par les labours
Il les joindra; mais pour revenir sans encombre,
Il a pris avec lui des troupes en tel nombre
Que l'on aurait beau jeu, certe, en nous attaquant:
La moitié de l'armée est absente du camp!

CARBON:
Oui, si les Espagnols savaient, ce serait grave.
Mais ils ne savent pas ce départ?

DE GUICHE:
Ils le savent.
Ils vont nous attaquer.

CARBON:
Ah!

DE GUICHE:
Mon faux espion
M'est venu prévenir de leur agression.
Il ajouta: "J'en peux déterminer la place;
Sur quel point voulez-vous que l'attaque se fasse?
Je dirai que de tous c'est le moins défendu,
Et l'effort portera sur lui."—J'ai répondu:
"C'est bon. Sortez du camp. Suivez des yeux la ligne:
Ce sera sur le point d'où je vous ferai signe."

CARBON (*aux cadets*):
Messieurs, préparez-vous!
(*Tous se lèvent. Bruit d'épées et de ceinturons qu'on boucle.*)

DE GUICHE:
C'est dans une heure.

PREMIER CADET:
Ah!. . .bien!. . .
(*Ils se rasseyent tous. On reprend la partie interrompue.*)

DE GUICHE (*à Carbon*):
Il faut gagner du temps. Le maréchal revient.

CARBON:
Et pour gagner du temps?

DE GUICHE:
Vous aurez l'obligeance
De vous faire tuer.

CYRANO:
Ah! voilà la vengeance?

DE GUICHE:
Je ne prétendrai pas que si je vous aimais
Je vous eusse choisis vous et les vôtres, mais,
Comme à votre bravoure on n'en compare aucune,
C'est mon Roi que je sers en servant ma rancune.

CYRANO (*saluant*):
Souffrez que je vous sois, monsieur, reconnaissant.

DE GUICHE (*saluant*):
Je sais que vous aimez vous battre un contre cent.
Vous ne vous plaindrez pas de manquer de besogne.
(*Il remonte, avec Carbon.*)

CYRANO (*aux cadets*):
Eh bien donc! nous allons au blason de Gascogne,
Qui porte six chevrons, messieurs, d'azur et d'or,
Joindre un chevron de sang qui lui manquait encor!
(*De Guiche cause bas avec Carbon de Castel-Jaloux, au fond. On donne
des ordres. La résistance se prépare. Cyrano va vers Christian qui est
resté immobile, les bras croisés.*)

CYRANO (*lui mettant la main sur l'épaule*):
Christian?

CHRISTIAN (*secouant la tête*):
Roxane!

CYRANO:
Hélas!

CHRISTIAN:
Au moins, je voudrais mettre
Tout l'adieu de mon cœur dans une belle lettre!...

CYRANO:
Je me doutais que ce serait pour aujourd'hui.
(*Il tire un billet de son pourpoint*):
Et j'ai fait tes adieux.

CHRISTIAN:
Montre!...

CYRANO:
Tu veux?...

CHRISTIAN (*lui prenant la lettre*):
Mais oui!
(*Il l'ouvre, lit et s'arrête*):
Tiens!

CYRANO:
Quoi?

CHRISTIAN:
Ce petit rond?...

CYRANO (*reprenant la lettre vivement, et regardant d'un air naïf*):
Un rond?...

CHRISTIAN:
C'est une larme!

CYRANO:
Oui. . .Poète, on se prend à son jeu, c'est le charme!. . .
Tu comprends. . .ce billet,—c'était très émouvant:
Je me suis fait pleurer moi-même en l'écrivant.

CHRISTIAN:
Pleurer?. . .

CYRANO:
Oui. . .parce que. . .mourir n'est pas terrible.
Mais. . .ne plus la revoir jamais. . .voilà l'horrible!
Car enfin je ne la. . .
(*Christian le regarde*):
nous ne la. . .
(*Vivement*):
tu ne la. . .

CHRISTIAN (*lui arrachant la lettre*):
Donne-moi ce billet!
(*On entend une rumeur, au loin, dans le camp.*)

LA VOIX D'UNE SENTINELLE:
Ventrebieu, qui va là?
(*Coups de feu. Bruits de voix. Grelots.*)

CARBON:
Qu'est-ce?. . .

LA SENTINELLE (*qui est sur le talus*):
Un carrosse!
(*On se précipite pour voir.*)

CRIS:
Quoi! Dans le camp?—Il y entre!
—Il a l'air de venir de chez l'ennemi!—Diantre!
Tirez!—Non! Le cocher a crié!—Crié quoi?—
Il a crié: Service du Roi!
(*Tout le monde est sur le talus et regarde au dehors. Les grelots se rapprochent.*)

DE GUICHE:
Hein? Du Roi!. . .
(*On redescend, on s'aligne.*)

CARBON:
Chapeau bas, tous!

DE GUICHE (*à la cantonade*):
Du Roi!—Rangez-vous, vile tourbe,
Pour qu'il puisse décrire avec pompe sa courbe!
(*Le carrosse entre au grand trot. Il est couvert de boue et de poussière.
Les rideaux sont tirés. Deux laquais derrière. Il s'arrête net.*)

CARBON (*criant*):
Battez aux champs!
(*Roulement de tambours. Tous les cadets se découvrent.*)

DE GUICHE:
Baissez le marchepied!
(*Deux hommes se précipitent. La portière s'ouvre.*)

ROXANE (*sautant du carrosse*):
Bonjour!
(*Le son d'une voix de femme relève d'un seul coup tout ce monde
profondément incliné.—Stupeur.*)

Scène 4.V.

Les mêmes, Roxane.

DE GUICHE:
Service du Roi! Vous?

ROXANE:
Mais du seul roi, l'Amour!

CYRANO:
Ah! grand Dieu!

CHRISTIAN (*s'élancant*):
Vous! Pourquoi?

ROXANE:
C'était trop long, ce siège!

CHRISTIAN:
Pourquoi?. . .

ROXANE:
Je te dirai!

CYRANO (*qui, au son de sa voix, est resté cloué immobile, sans oser tourner les yeux vers elle*):
Dieu! La regarderai-je?

DE GUICHE:
Vous ne pouvez rester ici!

ROXANE (*gaiement*):
Mais si! mais si!
Voulez-vous m'avancer un tambour?. . .
(*Elle s'assied sur un tambour qu'on avance*):
Là, merci!
(*Elle rit*):
On a tiré sur mon carrosse!
(*Fièrement*):
Une patrouille!
—Il a l'air d'être fait avec une citrouille,
N'est-ce pas? comme dans le conte, et les laquais
Avec des rats.
(*Envoyant des lèvres un baiser à Christian*):
Bonjour!
(*Les regardant tous*):
Vous n'avez pas l'air gais!
—Savez-vous que c'est loin, Arras?
(*Apercevant Cyrano*):
Cousin, charmée!

CYRANO (*a'avançant*):
Ah çà! comment?. . .

ROXANE:
Comment j'ai retrouvé l'armée?
Oh! mon Dieu, mon ami, mais c'est tout simple: j'ai
Marché tant que j'ai vu le pays ravagé.
Ah! ces horreurs, il a fallu que je les visse
Pour y croire! Messieurs, si c'est là le service
De votre Roi, le mien vaut mieux!

CYRANO:
Voyons, c'est fou!
Par où diable avez-vous bien pu passer?

ROXANE:
Par où?
Par chez les Espagnols.

PREMIER CADET:
Ah! qu'elles sont malignes!

DE GUICHE:
Comment avez-vous fait pour traverser leurs lignes?

LE BRET:
Cela dut être très difficile!. . .

ROXANE:
Pas trop.
J'ai simplement passé dans mon carrosse, au trot.
Si quelque hidalgo montrait sa mine altière,
Je mettais mon plus beau sourire à la portière,
Et ces messieurs étant, n'en déplaise aux Français,
Les plus galantes gens du monde,—je passais!

CARBON:
Oui, c'est un passe-port, certes, que ce sourire!
Mais on a fréquemment dû vous sommer de dire
Où vous alliez ainsi, madame?

ROXANE:
Fréquemment.
Alors je répondais: "Je vais voir mon amant."
—Aussitôt l'Espagnol à l'air le plus féroce
Refermait gravement la porte du carrosse,
D'un geste de la main à faire envie au Roi
Relevait les mousquets déjà braqués sur moi,
Et superbe de grâce, à la fois, et de morgue,
L'ergot tendu sous la dentelle en tuyau d'orgue,
Le feutre au vent pour que la plume palpitât,
S'inclinait en disant: "Passez, señorita!"

CHRISTIAN:
Mais, Roxane. . .

ROXANE:
J'ai dit: mon amant, oui. . .pardonne!
Tu comprends, si j'avais dit: mon mari, personne
Ne m'eût laissé passer!

CHRISTIAN:
Mais. . .

ROXANE:
Qu'avez-vous?

DE GUICHE:
Il faut
Vous en aller d'ici!

ROXANE:
Moi?

CYRANO:
Bien vite!

LE BRET:
Au plus tôt!

CHRISTIAN:
Oui!

ROXANE:
Mais comment?

CHRISTIAN (*embarrassé*):
C'est que. . .

CYRANO (*de même*):
Dans trois quarts d'heure. . .

DE GUICHE (*de même*):
. . .ou quatre. . .

CARBON (*de même*):
Il vaut mieux. . .

LE BRET (*de même*):
Vous pourriez. . .

ROXANE:
Je reste. On va se battre.

TOUS:
Oh! non!

ROXANE:
C'est mon mari!
(*Elle se jette dans les bras de Christian*):
Qu'on me tue avec toi!

CHRISTIAN:
Mais quels yeux vous avez!

ROXANE:
Je te dirai pourquoi!

DE GUICHE (*désespéré*):
C'est un poste terrible!

ROXANE (*se retournant*):
Hein! terrible?

CYRANO:
Et la preuve
C'est qu'il nous l'a donné!

ROXANE (*à De Guiche*):
Ah! vous me vouliez veuve?

DE GUICHE:
Oh! je vous jure!. . .

ROXANE:
Non! Je suis folle à présent!
Et je ne m'en vais plus!—D'ailleurs, c'est amusant.

CYRANO:
Eh quoi! la précieuse était une héroïne?

ROXANE:
Monsieur de Bergerac, je suis votre cousine.

UN CADET:
Nous vous défendrons bien!

ROXANE (*enfiévrée de plus en plus*):
Je le crois, mes amis!

UN AUTRE (*avec enivrement*):
Tout le camp sent l'iris!

ROXANE:
Et j'ai justement mis
Un chapeau qui fera très bien dans la bataille!. . .
(*Regardant de Guiche*):
Mais peut-être est-il temps que le comte s'en aille:
On pourrait commencer.

DE GUICHE:
Ah! c'en est trop! Je vais
Inspecter mes canons, et reviens. . .Vous avez
Le temps encor: changez d'avis!

ROXANE:
Jamais!
(*De Guiche sort.*)

Scène 4.VI.

Les mêmes, moins De Guiche.

CHRISTIAN (*suppliant*):
Roxane!. . .

ROXANE:
Non!

PREMIER CADET (*aux autres*):
Elle reste!

TOUS (*se précipitant, se bousculant, s'astiquant*):
Un peigne!—Un savon!—Ma basane
Est trouée: une aiguille!—Un ruban!—Ton miroir!—
Mes manchettes!—Ton fer à moustache!—Un rasoir!. . .

ROXANE (*à Cyrano qui la supplie encore*):
Non! rien ne me fera bouger de cette place!

CARBON (*après s'être, comme les autres, sanglé, épousseté, avoir
brossé son chapeau, redressé sa plume et tiré ses manchettes, s'avance
vers Roxane, et cérémonieusement*):
Peut-être siérait-il que je vous présentasse,
Puisqu'il en est ainsi, quelques de ces messieurs
Qui vont avoir l'honneur de mourir sous vos yeux.
(*Roxane s'incline et elle attend, debout au bras de Christian. Carbon
présente*):
Baron de Peyrescous de Colignac!

LE CADET (*saluant*):
Madame. . .

CARBON (*continuant*):
Baron de Casterac de Cahuzac.—Vidame
De Malgouyre Estressac Lésbas d'Escarabiot.—
Chevalier d'Antignac-Juzet.—Baron Hillot
De Blagnac-Saléchan de Castel Crabioules. . .

ROXANE:
Mais combien avez-vous de noms, chacun?

LE BARON HILLOT:
Des foules!

CARBON (*à Roxane*):
Ouvrez la main qui tient votre mouchoir.

ROXANE (*ouvre la main et le mouchoir tombe*):
Pourquoi?
(*Toute la compagnie fait le mouvement de s'élancer pour le ramasser.*)

CARBON (*le ramassant vivement*):
Ma compagnie était sans drapeau! Mais ma foi,
C'est le plus beau du camp qui flottera sur elle!

ROXANE (*souriant*):
Il est un peu petit.

CARBON (*attachant le mouchoir à la hampe de sa lance de capitaine*):
Mais il est en dentelle!

UN CADET (*aux autres*):
Je mourrais sans regret ayant vu ce minois,
Si j'avais seulement dans le ventre une noix!. . .

CARBON (*qui l'a entendu, indigné*):
Fi! parler de manger lorsqu'une exquise femme!. . .

ROXANE:
Mais l'air du camp est vif et, moi-même, m'affame:
Pâtés, chaud-froids, vins fins:—mon menu, le voilà!
—Voulez-vous m'apporter tout cela!
(*Consternation.*)

UN CADET:
Tout cela!

UN AUTRE:
Où le prendrions-nous, grand Dieu?

ROXANE (*tranquillement*):
Dans mon carrosse.

TOUS:
Hein?

ROXANE:
Mais il faut qu'on serve et découpe, et désosse!

Regardez mon cocher d'un peu plus près, messieurs,
Et vous reconnaîtrez un homme précieux:
Chaque sauce sera, si l'on veut, réchauffée!

LES CADETS (*se ruant vers le carrosse*):
C'est Ragueneau!
(*Acclamations*):
Oh! Oh!

ROXANE (*les suivant des yeux*):
Pauvre gens!

CYRANO (*lui baisant la main*):
Bonne fée!

RAGUENEAU (*debout sur le siège comme un charlatan en place
publique*):
Messieurs!. . .
(*Enthousiasme.*)

LES CADETS:
Bravo! Bravo!

RAGUENEAU:
Les Espagnols n'ont pas,
Quand passaient tant d'appas, vu passer le repas!
(*Applaudissements.*)

CYRANO (*bas à Christian*):
Hum! hum! Christian!

RAGUENEAU:
Distraits par la galanterie
Ils n'ont pas vu. . .
(*Il tire de son siège un plat qu'il élève*):
la galantine!. . .
(*Applaudissements. La galantine passe de mains en mains.*)

CYRANO (*bas à Christian*):
Je t'en prie,
Un seul mot!. . .

RAGUENEAU:
Et Vénus sut occuper leur œil
Pour que Diane en secret, pût passer. . .
(*Il brandit un gigot*):
son chevreuil!
(*Enthousiasme. Le gigot est saisi par vingt mains tendues.*)

CYRANO (*bas à Christian*):
Je voudrais te parler!

ROXANE (*aux cadets qui redescendent, les bras chargés de victuailles*):
Posez cela par terre!
(*Elle met le couvert sur l'herbe, aidée des deux laquais imperturbables qui étaient derrière le carrosse*):

ROXANE (*à Christian, au moment où Cyrano allait l'entraîner à part*):
Vous, rendez-vous utile?
(*Christian vient l'aider. Mouvement d'inquiétude de Cyrano.*)

RAGUENEAU:
Un paon truffé!

PREMIER CADET (*épanoui, qui descend en coupant une large tranche de jambon*):
Tonnerre!
Nous n'aurons pas couru notre dernier hasard
Sans faire un gueuleton. . .
(*Se reprenant vivement en voyant Roxane*):
pardon! un balthazar!

RAGUENEAU (*lançant les coussins du carrosse*):
Les coussins sont remplis d'ortolans!
(*Tumulte. On éventre les coussins. Rires. Joie.*)

TROISIÈME CADET:
Ah! Viédaze!

RAGUENEAU (*lançant des flacons de vin rouge*):
Des flacons de rubis!—
(*De vin blanc*):
Des flacons de topaze!

ROXANE (*jetant une nappe pliée à la figure de Cyrano*):
Défaites cette nappe!. . .Eh! hop! Soyez léger!

RAGUENEAU (*brandissant une lanterne arrachée*):
Chaque lanterne est un petit garde-manger!

CYRANO (*bas à Christian, pendant qu'ils arrangent la nappe ensemble*):
Il faut que je te parle avant que tu lui parles!

RAGUENEAU (*de plus en plus lyrique*):
Le manche de mon fouet est un saucisson d'Arles!

ROXANE (*versant du vin, servant*):
Puisqu'on nous fait tuer, morbleu! nous nous moquons
Du reste de l'armée!—Oui! tout pour les Gascons!
Et si De Guiche vient, personne ne l'invite!
(*Allant de l'un à l'autre*):
Là, vous avez le temps.—Ne manger pas si vite!—
Buvez un peu.—Pourquoi pleurez-vous?

PREMIER CADET:
C'est trop bon!. . .

ROXANE:
Chut!—Rouge ou blanc?—Du pain pour monsieur de Carbon!
—Un couteau!—Votre assiette!—Un peu de croûte?—Encore?
Je vous sers!—Du bourgogne?—Une aile?

CYRANO (*qui la suit, les bras chargés de plats, l'aidant à servir*):
Je l'adore!

ROXANE (*allant vers Christian*):
Vous?

CHRISTIAN:
Rien.

ROXANE:
Si! ce biscuit, dans du muscat. . .deux doigts!

CHRISTIAN (*essayant de la retenir*):
Oh! dites-moi pourquoi vous vîntes?

ROXANE:
Je me dois
A ces malheureux. . .Chut! Tout à l'heure!. . .

LE BRET (*qui était remonté au fond, pour passer, au bout d'une lance, un pain à la sentinelle du talus*):
De Guiche!

CYRANO:
Vite, cachez flacon, plat, terrine, bourriche!
Hop!—N'ayons l'air de rien!. . .
(*A Ragueneau*):
Toi, remonte d'un bond
Sur ton siège!—Tout est caché?. . .
(*En un clin d'œil tout a été repoussé dans les tentes, ou caché sous les vêtements, sous les manteaux, dans les feutres.—De Guiche entre vivement—et s'arrête, tout d'un coup, reniflant.—Silence.*)

Scène 4.VII.

Les mêmes, De Guiche.

DE GUICHE:
Cela sent bon.

UN CADET (*chantonnant d'un air détaché*):
To lo lo!. . .

DE GUICHE (*s'arrêtant et le regardant*):
Qu'avez-vous, vous?. . .Vous êtes tout rouge!

LE CADET:
Moi?. . .Mais rien. C'est le sang. On va se battre: il bouge!

UN AUTRE:
Poum. . .poum. . .poum. . .

DE GUICHE (*se retournant*):
Qu'est cela?

LE CADET (*légèrement gris*):
Rien! C'est une chanson!
Une petite. . .

DE GUICHE:
Vous êtes gai, mon garçon!

LE CADET:
L'approche du danger!

DE GUICHE (*appelant Carbon de Castel-Jaloux, pour donner un ordre*):
Capitaine! je. . .
(*Il s'arrête en le voyant*):
Peste!
Vous avez bonne mine aussi!

CARBON (*cramoisi, et cachant une bouteille derrière son dos, avec an
geste évasif*):
Oh!. . .

DE GUICHE:
Il me reste
Un canon que j'ai fait porter. . .
(*Il montre un endroit dans la coulisse*):
là, dans ce coin,
Et vos hommes pourront s'en servir au besoin.

UN CADET (*se dandinant*):
Charmante attention!

UN AUTRE (*lui souriant gracieusement*):
Douce sollicitude!

DE GUICHE:
Ah ça! mais ils sont fous!—
(*Sèchement*):
N'ayant pas l'habitude
Du canon, prenez garde au recul.

LE PREMIER CADET:
Ah! pfftt!

DE GUICHE (*allant à lui, furieux*):
Mais!. . .

LE CADET:
Le canon des Gascons ne recule jamais!

DE GUICHE (*le prenant par le bras et le secouant*):
Vous êtes gris!. . .De quoi?

LE CADET (*superbe*):
De l'odeur de la poudre!

DE GUICHE (*haussant les épaules, le repousse et va vivement à Roxane*):
Vite, à quoi daignez-vous, madame, vous résoudre?

ROXANE:
Je reste!

DE GUICHE:
Fuyez!

ROXANE:
Non!

DE GUICHE:
Puisqu'il en est ainsi,
Qu'on me donne un mousquet!

CARBON:
Comment?

DE GUICHE:
Je reste aussi.

CYRANO:
Enfin, Monsieur! voilà de la bravoure pure!

PREMIER CADET:
Seriez-vous un Gascon malgré votre guipure?

ROXANE:
Quoi!. . .

DE GUICHE:
Je ne quitte pas une femme en danger.

DEUXIÈME CADET (*au premier*):
Dis donc! Je crois qu'on peut lui donner à manger!
(*Toutes les victuailles reparaissent comme par enchantement.*)

DE GUICHE (*dont les yeux s'allument*):
Des vivres!

UN TROISIÈME CADET:
Il en sort de sous toutes les vestes!

DE GUICHE (*se maîtrisant, avec hauteur*):
Est-ce que vous croyez que je mange vos restes?

CYRANO (*saluant*):
Vous faites des progrès!

DE GUICHE (*fièrement, et à qui échappe sur le dernier mot une légère pointe d'accent*):
Je vais me battre à jeun!

PREMIER CADET (*exultant de joie*):
A jeung! Il vient d'avoir l'accent!

DE GUICHE (*riant*):
Moi?

LE CADET:
C'en est un!
(*Ils se mettent tous à danser.*)

CARBON DE CASTEL-JALOUX (*qui a disparu depuis un moment derrière le talus, reparaissant sur la crête*):
J'ai rangé mes piquiers, leur troupe est résolue!
(*Il montre une ligne de piques qui dépasse la crête.*)

DE GUICHE (*à Roxane, en s'inclinant*):
Acceptez-vous ma main pour passer leur revue?. . .
(*Elle la prend, ils remontent vers le talus. Tous le monde se découvre et les suit.*)

CHRISTIAN (*allant à Cyrano, vivement*):
Parle vite!
(*Au moment où Roxane paraît sur la crête, les lances disparaissent, abaissées pour le salut, un cri s'élève: elle s'incline.*)

LES PIQUIERS (*au dehors*):
Vivat!

CHRISTIAN:
Quel était ce secret?. . .

CYRANO:
Dans le cas où Roxane. . .

CHRISTIAN:
Eh bien?. . .

CYRANO:
Te parlerait
Des lettres?. . .

CHRISTIAN:
Oui, je sais!. . .

CYRANO:
Ne fais pas la sottise
De t'étonner. . .

CHRISTIAN:
De quoi?

CYRANO:
Il faut que je te dise!. . .
Oh! mon Dieu, c'est tout simple, et j'y pense aujourd'hui
En la voyant. Tu lui. . .

CHRISTIAN:
Parle vite!

CYRANO:
Tu lui. . .
As écrit plus souvent que tu ne crois.

CHRISTIAN:
Hein?

CYRANO:
Dame!
Je m'en étais chargé: j'interprétais ta flamme!
J'écrivais quelquefois sans te dire: j'écris!

CHRISTIAN:
Ah?

CYRANO:
C'est tout simple!

CHRISTIAN:
Mais comment t'y es-tu pris,
Depuis qu'on est bloqué pour?. . .

CYRANO:
Oh!. . .avant l'aurore
Je pouvais traverser. . .

CHRISTIAN (se croisant les bras):
Ah! c'est tout simple encore?
Et qu'ai-je écrit de fois par semaine?. . .Deux?—Trois?—
Quatre?—

CYRANO:
Plus.

CHRISTIAN:
Tous les jours?

CYRANO:
Oui, tous les jours.—Deux fois.

CHRISTIAN (*violemment*):
Et cela t'enivrait, et l'ivresse était telle
Que tu bravais la mort. . .

CYRANO (*voyant Roxane qui revient*):
Tais-toi! Pas devant elle!
(*Il rentre vivement dans sa tente.*)

Scène 4.VIII.

Roxane, Christian; au fond, allées et venues de cadets. Carbon et De

Guiche donnent des ordres.

ROXANE (*courant à Christian*):
Et maintenant, Christian!. . .

CHRISTIAN (*lui prenant les mains*):
Et maintenant, dis-moi
Pourquoi, par ces chemins effroyables, pourquoi
A travers tous ces rangs de soudards et de reîtres,
Tu m'a rejoint ici?

ROXANE:
C'est à cause des lettres!

CHRISTIAN:
Tu dis?

ROXANE:
Tant pis pour vous si je cours ces dangers!
Ce sont vos lettres qui m'ont grisée! Ah! songez
Combien depuis un mois vous m'en avez écrites,
Et plus belles toujours!

CHRISTIAN:
Quoi! pour quelques petites
Lettres d'amour. . .

ROXANE:
Tais-toi! Tu ne peux pas savoir!
Mon Dieu, je t'adorais, c'est vrai, depuis qu'un soir,
D'une voix que je t'ignorais, sous ma fenêtre,
Ton âme commença de se faire connaître. . .
Eh bien! tes lettres, c'est, vois-tu, depuis un mois,
Comme si tout le temps je l'entendais, ta voix
De ce soir-là, si tendre, et qui vous enveloppe!
Tant pis pour toi, j'accours. La sage Pénélope
Ne fût pas demeurée à broder sous son toit,
Si le seigneur Ulysse eût écrit comme toi,
Mais pour le joindre, elle eût, aussi folle qu'Hélène,
Envoyé promener ses pelotons de laine!. . .

CHRISTIAN:
Mais. . .

ROXANE:
Je lisais, je relisais, je défaillais,
J'étais à toi. Chacun de ces petits feuillets
Était comme un pétale envolé de ton âme.
On sent à chaque mot de ces lettres de flamme
L'amour puissant, sincère. . .

CHRISTIAN:
Ah! sincère et puissant?
Cela se sent, Roxane?. . .

ROXANE:
Oh! si cela se sent!

CHRISTIAN:
Et vous venez?. . .

ROXANE:
Je viens (ô mon Christian, mon maître!
Vous me relèveriez si je voulais me mettre
A vos genoux, c'est donc mon âme que j'y mets,
Et vous ne pourrez plus la relever jamais!)
Je viens te demander pardon (et c'est bien l'heure
De demander pardon, puisqu'il se peut qu'on meure!)
De t'avoir fait d'abord, dans ma frivolité,
L'insulte de t'aimer pour ta seule beauté!

CHRISTIAN (*avec épouvante*):
Ah! Roxane!

ROXANE:
Et plus tard, mon ami, moins frivole,
—Oiseau qui saute avant tout à fait qu'il s'envole,—
Ta beauté m'arrêtant, ton âme m'entraînant,
Je t'aimais pour les deux ensemble!. . .

CHRISTIAN:
Et maintenant?

ROXANE:
Eh bien! toi-même enfin l'emporte sur toi-même,
Et ce n'est plus que pour ton âme que je t'aime!

CHRISTIAN (*reculant*):
Ah! Roxane!

ROXANE:
Sois donc heureux. Car n'être aimé
Que pour ce dont on est un instant costumé,
Doit mettre un cœur avide et noble à la torture;
Mais ta chère pensée efface ta figure,
Et la beauté par quoi tout d'abord tu me plus,
Maintenant j'y vois mieux. . .et je ne la vois plus!

CHRISTIAN:
Oh!. . .

ROXANE:
Tu doutes encor d'une telle victoire?. . .

CHRISTIAN (*douloureusement*):
Roxane!

ROXANE:
Je comprends, tu ne peux pas y croire,
A cet amour?. . .

CHRISTIAN:
Je ne veux pas de cet amour!
Moi, je veux être aimé plus simplement pour. . .

ROXANE:
Pour
Ce qu'en vous elles ont aimé jusqu'à cette heure?
Laissez-vous donc aimer d'une façon meilleure!

CHRISTIAN:
Non! c'était mieux avant!

ROXANE:
Ah! tu n'y entends rien!
C'est maintenant que j'aime mieux, que j'aime bien!
C'est ce qui te fait toi, tu m'entends, que j'adore!
Et moins brillant. . .

CHRISTIAN:
Tais-toi!

ROXANE:
Je t'aimerais encore!
Si toute ta beauté tout d'un coup s'envolait. . .

CHRISTIAN:
Oh! ne dis pas cela!

ROXANE:
Si, je le dis!

CHRISTIAN:
Quoi? laid?

ROXANE:
Laid! je le jure!

CHRISTIAN:
Dieu!

ROXANE:
Et ta joie est profonde?

CHRISTIAN (*d'une voix étouffée*):
Oui. . .

ROXANE:
Qu'as-tu?

CHRISTIAN (*la repoussant doucement*):
Rien. Deux mots à dire: une seconde. . .

ROXANE:
Mais?. . .

CHRISTIAN (*lui montrant un groupe de cadets, au fond*):
A ces pauvres gens mon amour t'enleva:
Va leur sourire un peu puisqu'ils vont mourir. . .va!

ROXANE (*attendrie*):
Cher Christian!. . .
(*Elle remonte vers les Gascons qui s'empressent repectueusement autour d'elle.*)

Scène 4.IX.

Christian, Cyrano; au fond Roxane causant avec Carbon et quelques cadets.

CHRISTIAN (*appelant vers la tente de Cyrano*):
Cyrano?

CYRANO (*reparaissant, armé pour la bataille*):
Qu'est-ce? Te voilà blême!

CHRISTIAN:
Elle ne m'aime plus!

CYRANO:
Comment?

CHRISTIAN:
C'est toi qu'elle aime!

CYRANO:
Non!

CHRISTIAN:
Elle n'aime plus que mon âme!

CYRANO:
Non!

CHRISTIAN:
Si!
C'est donc bien toi qu'elle aime,—et tu l'aimes aussi!

CYRANO:
Moi?

CHRISTIAN:
Je le sais.

CYRANO:
C'est vrai.

CHRISTIAN:
Comme un fou.

CYRANO:
Davantage.

CHRISTIAN:
Dis-le-lui!

CYRANO:
Non!

CHRISTIAN:
Pourquoi?

CYRANO:
Regarde mon visage!

CHRISTIAN:
Elle m'aimerait laid!

CYRANO:
Elle te l'a dit!

CHRISTIAN:
Là!

CYRANO:
Ah! je suis bien content qu'elle t'ait dit cela!
Mais va, va, ne crois pas cette chose insensée!
—Mon Dieu, je suis content qu'elle ait eu la pensée
De la dire,—mais va, ne la prend pas au mot,
Va, ne deviens pas laid: elle m'en voudrait trop!

CHRISTIAN:
C'est ce que je veux voir!

CYRANO:
Non, non!

CHRISTIAN:
Qu'elle choisisse!
Tu vas lui dire tout!

CYRANO:
Non, non! Pas ce supplice.

CHRISTIAN:
Je tuerais ton bonheur parce que je suis beau?
C'est trop injuste!

CYRANO:
Et moi, je mettrais au tombeau
Le tien parce que, grâce au hasard qui fait naître,
J'ai le don d'exprimer. . .ce que tu sens peut-être?

CHRISTIAN:
Dis-lui tout!

CYRANO:
Il s'obstine à me tenter, c'est mal!

CHRISTIAN:
Je suis las de porter en moi-même un rival!

CYRANO:
Christian!

CHRISTIAN:
Notre union—sans témoins—clandestine,
—Peut se rompre,—si nous survivons!

CYRANO:
Il s'obstine!. . .

CHRISTIAN:
Oui, je veux être aimé moi-même, ou pas du tout!
—Je vais voir ce qu'on fait, tiens! Je vais jusqu'au bout
Du poste; je reviens: parle, et qu'elle préfère
L'un de nous deux!

CYRANO:
Ce sera toi!

CHRISTIAN:
Mais. . .je l'espère!
(*Il appelle*):
Roxane!

CYRANO:
Non! Non!

ROXANE (*accourant*):
Quoi?

CHRISTIAN:
Cyrano vous dira

Une chose importante. . .
(*Elle va vivement à Cyrano. Christian sort.*)

Scène 4.X.

Roxane, Cyrano, puis Le Bret, Carbon de Castel-Jaloux, les cadets,

Ragueneau, de Guiche, etc.

ROXANE:
Importante?

CYRANO (*éperdu*):
Il s'en va!. . .
(*A Roxane*):
Rien!. . .Il attache,—oh! Dieu! vous devez le connaître!—
De l'importance à rien!

ROXANE (*vivement*):
Il a douté peut-être
De ce que j'ai dit là?. . .J'ai vu qu'il a douté!. . .

CYRANO (*lui prenant la main*):
Mais avez-vous bien dit, d'ailleurs, la vérité?

ROXANE:
Oui, oui, je l'aimerais même. . .
(*Elle hésite une seconde.*)

CYRANO (*souriant tristement*):
Le mot vous gêne
Devant moi?

ROXANE:
Mais. . .

CYRANO:
Il ne me fera pas de peine!
—Même laid?

ROXANE:
Même laid!
(*Mousqueterie au dehors*):
Ah! tiens, on a tiré!

CYRANO (*ardemment*):
Affreux?

ROXANE:
Affreux!

CYRANO:
Défiguré!

ROXANE:
Défiguré!

CYRANO:
Grotesque?

ROXANE:
Rien ne peut me le rendre grotesque!

CYRANO:
Vous l'aimeriez encore?

ROXANE:
Et davantage presque!

CYRANO (*perdant la tête, à part*):
Mon Dieu, c'est vrai, peut-être, et le bonheur est là!
(*A Roxane*):
Je. . .Roxane. . .écoutez!. . .

LE BRET (*entrant rapidement, appelle à mi-voix*):
Cyrano!

CYRANO (*se retournant*):
Hein?

LE BRET:
Chut!
(*Il lui dit un mot tout bas.*)

CYRANO (*laissant échapper la main de Roxane, avec un cri*):
Ah!. . .

ROXANE:
Qu'avez vous?

CYRANO (*à lui-même, avec stupeur*):
C'est fini.
(*Détonations nouvelles.*)

ROXANE:
Quoi? Qu'est-ce encore? On tire?
(*Elle remonte pour regarder au dehors.*)

CYRANO:
C'est fini, jamais plus je ne pourrai le dire!

ROXANE (*voulant s'élancer*):
Que se passe-t-il?

CYRANO (*vivement, l'arrêtant*):
Rien!
(*Des cadets sont entrés, cachant quelque chose qu'ils portent, et ils forment un groupe empêchant Roxane d'approcher.*)

ROXANE:
Ces hommes?

CYRANO (*l'éloignant*):
Laissez-les!. . .

ROXANE:
Mais qu'alliez-vous me dire avant?. . .

CYRANO:
Ce que j'allais
Vous dire?. . .rien, oh! rien, je le jure, madame!
(*Solennellement*):
Je jure que l'esprit de Christian, que son âme
Étaient. . .
(*Se reprenant avec terreur*):
sont les plus grands. . .

ROXANE:
Étaient?
(*Avec un grand cri*):
Ah!. . .
(*Elle se précipite et écarte tout le monde.*)

CYRANO:
C'est fini!

ROXANE (*voyant Christian couché dans son manteau*):
Christian!

LE BRET (*à Cyrano*):
Le premier coup de feu le l'ennemi!
(*Roxane se jette sur le corps de Christian. Nouveaux coups de feu.
Cliquetis. Rumeurs. Tambours.*)

CARBON DE CASTEL-JALOUX (*l'épée au poing*):
C'est l'attaque! Aux mousquets!
(*Suivi des cadets, il passe de l'autre côté du talus.*)

ROXANE:
Christian!

LA VOIX DE CARBON (*derrière le talus*):
Qu'on se dépêche!

ROXANE:
Christian!

CARBON:
Alignez-vous!

ROXANE:
Christian!

CARBON:
Mesurez. . .mèche!
(*Ragueneau est accouru, apportant de l'eau dans un casque.*)

CHRISTIAN (*d'une voix mourante*):
Roxane!. . .

CYRANO (*vite et bas à l'oreille de Christian, pendant que Roxane affolée trempe dans l'eau, pour le panser, un morceau de linge arraché à sa poitrine*):
J'ai tout dit. Ce toi qu'elle aime encor!
(*Christian ferme les yeux.*)

ROXANE:
Quoi, mon amour?

CARBON:
Baguette haute!

ROXANE (*à Cyrano*):
Il n'est pas mort?. . .

CARBON:
Ouvrez la charge avec les dents!

ROXANE:
Je sens sa joue
Devenir froide, là, contre la mienne!

CARBON:
En joue!

ROXANE:
Une lettre sur lui!
(*Elle l'ouvre*):
Pour moi!

CYRANO (*à part*):
Ma lettre!

CARBON:
Feu!
(*Mousqueterie. Cris. Bruit de bataille.*)

CYRANO (*voulant dégager sa main que tient Roxane agenouillée*):
Mais, Roxane, on se bat!

ROXANE (*le retenant*):
Restez encore un peu.
Il est mort. Vous étiez le seul à le connaître.
(*Elle pleure doucement*):
—N'est-ce pas que c'était un être exquis, un être
Merveilleux?

CYRANO (*debout, tête nue*):
Oui, Roxane.

ROXANE:
Un poète inouï.
Adorable?

CYRANO:
Oui, Roxane.

ROXANE:
Un esprit sublime?

CYRANO:
Oui,
Roxane!

ROXANE:
Un cœur profond, inconnu du profane,
Une âme magnifique et charmante?

CYRANO (*fermement*):
Oui, Roxane!

ROXANE (*se jetant sur le corps de Christian*):
Il est mort!

CYRANO (*à part, tirant l'épée*):
Et je n'ai qu'à mourir aujourd'hui,
Puisque, sans le savoir, elle me pleure en lui!
(*Trompettes au loin.*)

DE GUICHE (*qui reparaît sur le talus, décoiffé, blessé au front, d'une voix tonnante*):
C'est le signal promis! Des fanfares de cuivres!
Les Français vont rentrer au camp avec des vivres!
Tenez encore un peu!

ROXANE:
Sur sa lettre, du sang,
Des pleurs!

UNE VOIX (*au dehors, criant*):
Rendez-vous!

VOIX DES CADETS:
Non!

RAGUENEAU (*qui, grimpé sur son carrosse, regarde la bataille par-dessus le talus*):
Le péril va croissant!

CYRANO (*à de Guiche, lui montrant Roxane*):
Emportez-la! Je vais charger!

ROXANE (*baisant la lettre, d'une voix mourante*):
Son sang! ses larmes!. . .

RAGUENEAU (*sautant à bas du carrosse pour courir vers elle*):
Elle s'évanouit!

DE GUICHE (*sur le talus, aux cadets, avec rage*):
Tenez bon!

UNE VOIX (*au dehors*):
Bas les armes!

VOIX DES CADETS:
Non!

CYRANO (*à de Guiche*):
Vous avez prouvé, Monsieur, votre valeur:
(*Lui montrant Roxane*):
Fuyez en la sauvant!

DE GUICHE (*qui court à Roxane et l'enlève dans ses bras*):
Soit! Mais on est vainqueur
Si vous gagnez du temps!

CYRANO:
C'est bon!
(*Criant vers Roxane que de Guiche, aidé de Ragueneau, emporte évanouie*):
Adieu, Roxane!
(*Tumulte. Cris. Des cadets reparaissent blessés et viennent tomber en scène. Cyrano se précipitant au combat est arrêté sur la crête par Carbon de Castel-Jaloux, couvert de sang.*)

CARBON:
Nous plions! J'ai reçu deux coups de pertuisane!

CYRANO (*criant aux Gascons*):
Hardi! Reculès pas, drollos!
(*A Carbon, qu'il soutient*):
N'ayez pas peur!
J'ai deux morts à venger: Christian et mon bonheur!
(*Ils redescendent. Cyrano brandit la lance où est attaché le mouchoir de Roxane*):
Flotte, petit drapeau de dentelle à son chiffre!
(*Il la plante en terre; il crie aux cadets*):
Toumbé dèssus! Escrasas lous!
(*Au fifre*):
Un air de fifre!
(*Le fifre joue. Des blessés se relèvent. Des cadets dégringolant le talus, viennent se grouper autour de Cyrano et du petit drapeau. Le carrosse se couvre et se remplit d'hommes, se hérisse d'arquebuses, se transforme en redoute.*)

UN CADET (*paraissant, à reculons, sur la crête, se battant toujours, crie*):
Ils montent le talus!
(*et tombe mort.*)

CYRANO:
On va les saluer!
(*Le talus se couronne en un instant d'une rangée terrible d'ennemis. Les grands étendards des Impériaux se lèvent*):
Feu!
(*Décharge générale.*)

CRI (*dans les rangs ennemis*):
Feu!
(*Riposte meurtrière. Les cadets tombent de tous côtés.*)

UN OFFICIER ESPAGNOL (*se découvrant*):
Quels sont ces gens qui se font tous tuer?

CYRANO (*récitant debout au milieu des balles*):
Ce sont les cadets de Gascogne,
De Carbon de Castel-Jaloux;
Bretteurs et menteurs sans vergogne. . .
(*Il s'élance, suivi des quelques survivants*):
Ce sont les cadets. . .
(*Le reste se perd dans la bataille.*)

Rideau.

Acte V.

La Gazette de Cyrano.

Quinze ans après, en 1655. Le parc du couvent que les Dames de la Croix occupaient à Paris.

Superbes ombrages. A gauche, la maison; vaste perron sur lequel ouvrent plusieurs portes. Un arbre énorme au milieu de la scène, isolé au milieu d'une petite place ovale. A droite, premier plan, parmi de grands buis, un banc de pierre demi-circulaire.

Tout le fond du théâtre est traversé par une allée de marroniers qui aboutit à droite, quatrième plan, à la porte d'une chapelle entre-vue parmi les branches. A travers le double rideau d'arbres de cette allée, on aperçoit des fuites de pelouses, d'autres allées, des bosquets, les profondeurs du parc, le ciel.

La chapelle ouvre une porte latérale sur une colonnade enguirlandée de vigne rougie, qui vient se perdre à droite, au premier plan, derrière les buis.

C'est l'automne. Toute la frondaison est rousse au-dessus des pelouses fraîches. Taches sombres des buis et des ifs restés verts. Une plaque de feuilles jaunes sous chaque arbre. Les feuilles jonchent toute la scène, craquent sous les pas dans les allées, couvrent à demi le perron et les bancs.

Entre le banc de droite et l'arbre, un grand métier à broder devant lequel une petite chaise a été apportée. Paniers pleins d'écheveaux et de pelotons. Tapisserie commencée.

Au lever du rideau, des sœurs vont et viennent dans le parc; quelques-unes sont assises sur le banc autour d'une religieuse plus âgée. Des feuilles tombent.

Scène 5.I.

Mère Marguerite, Sœur Marthe, Sœur Claire, les sœurs.

SŒUR MARTHE (*à Mère Marguerite*):
Sœur Claire a regardé deux fois comment allait
Sa cornette, devant la glace.

MÈRE MARGUERITE (*à sœur Claire*):
C'est très laid.

SŒUR CLAIRE:
Mais sœur Marthe a repris un pruneau de la tarte,
Ce matin: je l'ai vu.

MÈRE MARGUERITE (*à sœur Marthe*):
C'est très vilain, sœur Marthe.

SŒUR CLAIRE:
Un tout petit regard!

SŒUR MARTHE:
Un tout petit pruneau!

MÈRE MARGUERITE (*sévèrement*):
Je le dirai, ce soir, à monsieur Cyrano.

SŒUR CLAIRE (*épouvantée*):
Non, il va se moquer!

SŒUR MARTHE:
Il dira que les nonnes
Sont très coquettes!

SŒUR CLAIRE:
Très gourmandes!

MÈRE MARGUERITE (*souriant*):
Et très bonnes.

SŒUR CLAIRE:
N'est-ce pas, Mère Marguerite de Jésus,
Qu'il vient, le samedi, depuis dix ans!

MÈRE MARGUERITE:
Et plus!
Depuis que sa cousine à nos béguins de toile
Mêla le deuil mondain de sa coiffe de voile,
Qui chez nous vint s'abattre, il y a quatorze ans,
Comme un grand oiseau noir parmi les oiseaux blancs!

SŒUR MARTHE:
Lui seul, depuis qu'elle a pris chambre dans ce cloître,
Sait distraire un chagrin qui ne veut pas décroître.

TOUTES LES SŒURS:
Il est si drôle!—C'est amusant quand il vient!
—Il nous taquine!—Il est gentil!—Nous l'aimons bien!
—Nous fabriquons pour lui des pâtes d'angélique!

SŒUR MARTHE:
Mais enfin, ce n'est pas un très bon catholique!

SŒUR CLAIRE:
Nous le convertirons.

LES SŒURS:
Oui! oui!

MÈRE MARGUERITE:
Je vous défends
De l'entreprendre encor sur ce point, mes enfants.
Ne le tourmentez pas: il viendrait moins peut-être!

SŒUR MARTHE:
Mais. . .Dieu!. . .

MÈRE MARGUERITE:
Rassurez-vous: Dieu doit bien le connaître.

SŒUR MARTHE:
Mais chaque samedi, quand il vient d'un air fier,
Il me dit en entrant: 'Ma sœur, j'ai fait gras, hier!'

MÈRE MARGUERITE:
Ah! il vous dit cela?. . .Eh bien! la fois dernière
Il n'avait pas mangé depuis deux jours!

SŒUR MARTHE:
Ma Mère!

MÈRE MARGUERITE:
Il est pauvre.

SŒUR MARTHE:
Qui vous l'a dit?

MÈRE MARGUERITE:
Monsieur Le Bret.

SŒUR MARTHE:
On ne le secourt pas?

MÈRE MARGUERITE:
Non, il se fâcherait.
(*Dans une allée du fond, on voit apparaître Roxane, vêtue de noir, avec la coiffe des veuves et de long voiles; de Guiche, magnifique et vieillissant, marche auprès d'elle. Ils vont à pas lents. Mère Marguerite se lève*):
—Allons, il faut rentrer. . .Madame Madeleine,
Avec un visiteur, dans le parc se promène.

SŒUR MARTHE (*bas à sœur Claire*):
C'est le duc-maréchal de Grammont?

SŒUR CLAIRE (*regardant*):
Oui, je crois.

SŒUR MARTHE:
Il n'était plus venu la voir depuis des mois!

LES SŒURS:
Il est très pris!—La cour!—Les camps!

SŒUR CLAIRE:
Les soins du monde!
(*Elles sortent. De Guiche et Roxane descendent en silence et s'arrêtent près du métier. Un temps.*)

Scène 5.II.

Roxane; le duc de Grammont, ancien comte de Guiche, puis Le Bret et

Ragueneau.

LE DUC:
Et vous demeurerez ici, vainement blonde,
Toujours en deuil?

ROXANE:
Toujours.

LE DUC:
Aussi fidèle?

ROXANE:
Aussi.

LE DUC (*après un temps*):
Vous m'avez pardonné?

ROXANE (*simplement, regardant la croix du couvent*):
Puisque je suis ici.
(*Nouveau silence.*)

LE DUC:
Vraiment c'était un être?. . .

ROXANE:
Il fallait le connaître!

LE DUC:
Ah! Il fallait?. . .Je l'ai trop peu connu, peut-être!
. . .Et son dernier billet, sur votre cœur, toujours?

ROXANE:
Comme un doux scapulaire, il pend à ce velours.

LE DUC:
Même mort, vous l'aimez?

ROXANE:
Quelquefois il me semble
Qu'il n'est mort qu'à demi, que nos cœurs sont ensemble,
Et que son amour flotte, autour de moi, vivant!

LE DUC (*après un silence encore*):
Est-ce que Cyrano vient vous voir?

ROXANE:
Oui, souvent.
—Ce vieil ami, pour moi, remplace les gazettes.
Il vient; c'est régulier; sous cet arbre où vous êtes
On place son fauteuil, s'il fait beau; je l'attends
En brodant; l'heure sonne; au dernier coup, j'entends
—Car je ne tourne plus même le front!—sa canne
Descendre le perron; il s'assied; il ricane
De ma tapisserie éternelle; il me fait
La chronique de la semaine, et. . .
(*Le Bret paraît sur le perron*):
Tiens, Le Bret!
(*Le Bret descend*):
Comment va notre ami?

LE BRET:
Mal.

LE DUC:
Oh!

ROXANE (*au duc*):
Il exagère!

LE BRET:
Tout ce que j'ai prédit: l'abandon, la misère!. . .
Ses épîtres lui font des ennemis nouveaux!
Il attaque les faux nobles, les faux dévots,
Les faux braves, les plagiaires,—tout le monde.

ROXANE:
Mais son épée inspire une terreur profonde.
On ne viendra jamais à bout de lui.

LE DUC (*hochant la tête*):
Qui sait?

LE BRET:
Ce que je crains, ce n'est pas les attaques, c'est
La solitude, la famine, c'est Décembre
Entrant à pas de loup dans son obscure chambre:
Voilà les spadassins qui plutôt le tueront!
—Il serre chaque jour, d'un cran, son ceinturon.

Son pauvre nez a pris des tons de vieil ivoire.
Il n'a plus qu'un petit habit de serge noire.

LE DUC:
Ah! celui-là n'est pas parvenu!—C'est égal,
Ne le plaignez pas trop.

LE BRET (*avec un sourire amer*):
Monsieur le maréchal!. . .

LE DUC:
Ne le plaignez pas trop: il a vécu sans pactes,
Libre dans sa pensée autant que dans ses actes.

LE BRET (*de même*):
Monsieur le duc!. . .

LE DUC (*hautainement*):
Je sais, oui: j'ai tout; il n'a rien. . .
Mais je lui serrerais bien volontiers la main.
(*Saluant Roxane*):
Adieu.

ROXANE:
Je vous conduis.
(*Le duc salue Le Bret et se dirige avec Roxane vers le perron.*)

LE DUC (*s'arrêtant, tandis qu'elle monte*):
Oui, parfois, je l'envie.
—Voyez-vous, lorsqu'on a trop réussi sa vie,
On sent,—n'ayant rien fait, mon Dieu, de vraiment mal!—
Mille petits dégoûts de soi, dont le total
Ne fait pas un remords, mais une gêne obscure;
Et les manteaux de duc traînent dans leur fourrure,
Pendant que des grandeurs on monte les degrés,
Un bruit d'illusions sèches et de regrets,
Comme, quand vous montez lentement vers ces portes,
Votre robe de deuil traîne des feuilles mortes.

ROXANE (*ironique*):
Vous voilà bien rêveur?. . .

LE DUC:
Eh! oui!
(*Au moment de sortir, brusquement*):
Monsieur Le Bret!
(*A Roxane*):
Vous permettez? Un mot.
(*Il va à Le Bret, et à mi-voix*):
C'est vrai: nul n'oserait
Attaquer votre ami; mais beaucoup l'ont en haine;
Et quelqu'un me disait, hier, au jeu, chez la Reine:
"Ce Cyrano pourrait mourir d'un accident."

LE BRET:
Ah?

LE DUC:
Oui. Qu'il sorte peu. Qu'il soit prudent.

LE BRET (*levant les bras au ciel*):
Prudent!
Il va venir. Je vais l'avertir. Oui, mais!. . .

ROXANE (*qui est restée sur le perron, à une sœur qui s'avance vers elle*):
Qu'est-ce?

LA SŒUR:
Ragueneau vent vous voir, Madame.

ROXANE:
Qu'on le laisse
Entrer.
(*Au duc et à Le Bret*):
Il vient crier misère. Étant un jour
Parti pour être auteur, il devint tour à tour
Chantre. . .

LE BRET:
Étuviste. . .

ROXANE:
Acteur. . .

LE BRET:
Bedeau. . .

ROXANE:
Perruquier. . .

LE BRET:
Maître
De théorbe. . .

ROXANE:
Aujourd'hui que pourrait-il bien être?

RAGUENEAU (*entrant précipitamment*):
Ah! Madame!
(*Il aperçoit Le Bret*):
Monsieur!

ROXANE (*souriant*):
Racontez vos malheurs
A Le Bret. Je reviens.

RAGUENEAU:
Mais, Madame. . .
(*Roxane sort sans l'écouter, avec le duc. Il redescend vers le Bret.*)

Scène 5.III.

Le Bret, Ragueneau.

RAGUENEAU:
D'ailleurs,
Puisque vous êtes là, j'aime mieux qu'elle ignore!
—J'allais voir votre ami tantôt. J'étais encore
A vingt pas de chez lui. . .quand je le vois de loin,
Qui sort. Je veux le joindre. Il va tourner le coin
De la rue. . .et je cours. . .lorsque d'une fenêtre
Sous laquelle il passait—est-ce un hasard?. . .peut-être!—
Un laquais laisse choir une pièce de bois.

LE BRET:
Les lâches!. . .Cyrano!

RAGUENEAU:
J'arrive et je le vois. . .

LE BRET:
C'est affreux!

RAGUENEAU:
Notre ami, Monsieur, notre poète,
Je le vois, là, par terre, un grand trou dans la tête!

LE BRET:
Il est mort?

RAGUENEAU:
Non! mais. . .Dieu! je l'ai porté chez lui.
Dans sa chambre. . .Ah! sa chambre! il faut voir ce réduit!

LE BRET:
Il souffre?

RAGUENEAU:
Non, Monsieur, il est sans connaissance,

LE BRET:
Un médecin?

RAGUENEAU:
Il en vint un par complaisance,

LE BRET:
Mon pauvre Cyrano!—Ne disons pas cela
Tout d'un coup à Roxane!—Et ce docteur?

RAGUENEAU:
Il a
Parlé,—je ne sais plus,—de fièvre, de méninges!. . .
Ah! si vous le voyiez—la tête dans des linges!. . .

Courons vite!—Il n'y a personne à son chevet!—
C'est qu'il pourrait mourir, Monsieur, s'il se levait!

LE BRET (*l'entraînant vers la droite*):
Passons par là! Viens, c'est plus court! Par la chapelle!

ROXANE (*paraissant sur le perron et voyant Le Bret s'éloigner par la
colonnade qui mène a la petite porte de la chapelle*):
Monsieur Le Bret!
(*Le Bret et Ragueneau se sauvent sans répondre*):
Le Bret s'en va quand on l'appelle?
C'est quelque histoire encor de ce bon Ragueneau!
(*Elle descend le perron.*)

Scène 5.IV.

Roxane seule, puis deux sœurs, un instant.

ROXANE:
Ah! que ce dernier jour de septembre est donc beau!
Ma tristesse sourit. Elle qu'Avril offusque,
Se laisse décider par l'automne, moins brusque.
(*Elle s'assied à son métier. Deux sœurs sortent de la maison et
apportent un grand fauteuil sous l'arbre*):
Ah! voici le fauteuil classique où vient s'asseoir
Mon vieil ami!

SŒUR MARTHE:
Mais c'est le meilleur du parloir!

ROXANE:
Merci, ma sœur.
(*Les sœurs s'éloignent*):
Il va venir.
(*Elle s'installe. On entend sonner l'heure*):
Là. . .l'heure sonne.
—Mes écheveaux!—L'heure a sonné? Ceci m'étonne!
Serait-il en retard pour la première fois?
La sœur tourière doit—mon dé?. . .là, je le vois!—
L'exhorter à la pénitence.
(*Un temps*):
Elle l'exhorte!
—Il ne peut plus tarder.—Tiens! une feuille morte!—
(*Elle repousse du doigt la feuille tombée sur son métier*):

D'ailleurs, rien ne pourrait.—Mes ciseaux?. . .dans mon sac!—
L'empêcher de venir!

UNE SŒUR (*paraissant sur le perron*):
Monsieur de Bergerac.

Scène 5.V.

Roxane, Cyrano et, un moment, sœur Marthe.

ROXANE (*sans se retourner*):
Qu'est-ce que je disais?. . .
(*Et elle brode. Cyrano, très pâle, le feutre enfoncé sur les yeux, paraît.
La sœur qui l'a introduit rentre. Il se met à descendre le perron
lentement, avec un effort visible pour se tenir debout, et en s'appuyant
sur sa canne. Roxane travaille à sa tapisserie*):
Ah! ces teintes fanées. . .
Comment les rassortir?
(*A Cyrano, sur un ton d'amicale gronderie*):
Depuis quatorze années,
Pour la première fois, en retard!

CYRANO (*qui est parvenu au fauteuil et s'est assis, d'une voix gaie,
contrastant avec son visage*):
Oui, c'est fou!
J'enrage. Je fus mis en retard, vertuchou!. . .

ROXANE:
Par?. . .

CYRANO:
Par une visite assez inopportune.

ROXANE (*distraite, travaillant*):
Ah! oui! quelque fâcheux?

CYRANO:
Cousine, c'était une
Fâcheuse.

ROXANE:
Vous l'avez renvoyée?

CYRANO:
Oui, j'ai dit:
Excusez-moi, mais c'est aujourd'hui samedi,
Jour où je dois me rendre en certaine demeure;
Rien ne m'y fait manquer: repassez dans une heure!

ROXANE (*légèrement*):
Eh bien! cette personne attendra pour vous voir:
Je ne vous laisse pas partir avant ce soir.

CYRANO (*avec douceur*):
Peut-être un peu plus tôt faudra-t-il que je parte.
(*Il ferme les yeux et se tait un instant. Sœur Marthe traverse le parc de
la chapelle au perron. Roxane l'aperçoit, lui fait un petit signe de tête.*)

ROXANE (*à Cyrano*):
Vous ne taquinez pas sœur Marthe?

CYRANO (*vivement, ouvrant les yeux*):
Si!
(*Avec une grosse voix comique*):
Sœur Marthe!
Approchez!
(*La sœur glisse vers lui*):
Ha! ha! ha! Beaux yeux toujours baissés!

SŒUR MARTHE (*levant les yeux en souriant*):
Mais. . .
(*Elle voit sa figure et fait un geste d'étonnement*):
Oh!

CYRANO (*bas, lui montrant Roxane*):
Chut! Ce n'est rien!—
(*D'une voix fanfaronne. Haut*):
Hier, j'ai fait gras.

SŒUR MARTHE:
Je sais.
(*A part*):
C'est pour cela qu'il est si pâle!
(*Vite et bas*):
Au réfectoire
Vous viendrez tout à l'heure, et je vous ferai boire
Un grand bol de bouillon. . .Vous viendrez?

CYRANO:
Oui, oui, oui.

SŒUR MARTHE:
Ah! vous êtes un peu raisonnable, aujourd'hui!

ROXANE (*qui les entend chuchoter*):
Elle essaye de vous convertir?

SŒUR MARTHE:
Je m'en garde!

CYRANO:
Tiens, c'est vrai! Vous toujours si saintement bavarde,
Vous ne me prêchez pas? c'est étonnant, ceci!. . .
(*Avec une fureur bouffonne*):
Sabre de bois! Je veux vous étonner aussi!
Tenez, je vous permets. . .
(*Il a l'air de chercher une bonne taquinerie, et de la trouver*):
Ah! la chose est nouvelle?. . .
De. . .de prier pour moi, ce soir, à la chapelle.

ROXANE:
Oh! oh!

CYRANO (*riant*):
Sœur Marthe est dans la stupéfaction!

SŒUR MARTHE (*doucement*):
Je n'ai pas attendu votre permission.
(*Elle rentre.*)

CYRANO (*revenant à Roxane, penchée sur son métier*):
Du diable si je peux jamais, tapisserie,
Voir ta fin!

ROXANE:
J'attendais cette plaisanterie.
(*A ce moment un peu de brise fait tomber les feuilles.*)

CYRANO:
Les feuilles!

ROXANE (*levant la tête, et regardant au loin, dans les allées*):
Elles sont d'un blond vénitien.
Regardez-les tomber.

CYRANO:
Comme elles tombent bien!
Dans ce trajet si court de la branche à la terre,
Comme elles savent mettre une beauté dernière,
Et malgré leur terreur de pourrir sur le sol,
Veulent que cette chute ait la grâce d'un vol!

ROXANE:
Mélancolique, vous?

CYRANO (*se reprenant*):
Mais pas du tout, Roxane!

ROXANE:
Allons, laissez tomber les feuilles de platane. . .
Et racontez un peu ce qu'il y a de neuf.
Ma gazette?

CYRANO:
Voici!

ROXANE:
Ah!

CYRANO (*de plus en plus pâle, et luttant contre la douleur*):
Samedi, dix-neuf:
Ayant mangé huit fois du raisiné de Cette,
Le Roi fut pris de fièvre; à deux coups de lancette
Son mal fut condamné pour lèse-majesté,
Et cet auguste pouls n'a plus fébricité!
Au grand bal, chez la reine, on a brûlé, dimanche,
Sept cent soixante-trois flambeaux de cire blanche;
Nos troupes ont battu, dit-on, Jean l'Autrichien;
On a pendu quatre sorciers; le petit chien
De madame d'Athis a dû prendre un clystère. . .

ROXANE:
Monsieur de Bergerac, voulez-vous bien vous taire!

CYRANO:
Lundi. . .rien. Lygdamire a changé d'amant.

ROXANE:
Oh!

CYRANO (*dont le visage s'altère de plus en plus*):
Mardi, toute la cour est à Fontainebleau.
Mercredi, la Montglat dit au comte de Fiesque:
Non! Jeudi: Mancini, Reine de France,—ou presque!
Le vingt-cinq, la Monglat à de Fiesque dit: Oui;
Et samedi, vingt-six. . .
(*Il ferme les yeux. Sa tête tombe. Silence.*)

ROXANE (*surprise de ne plus rien entendre, se retourne, le regarde, et se levant effrayée*):
Il est évanoui?
(*Elle court vers lui en criant*):
Cyrano!

CYRANO (*rouvrant les yeux, d'une voix vague*):
Qu'est-ce?. . .Quoi?. . .
(*Il voit Roxane penchée sur lui et, vivement, assurant son chapeau sur sa tête et reculant avec effroi dans son fauteuil*):
Non! non! je vous assure,
Ce n'est rien! Laissez-moi!

ROXANE:
Pourtant. . .

CYRANO:
C'est ma blessure
D'Arras. . .qui. . .quelquefois. . .vous savez. . .

ROXANE:
Pauvre ami!

CYRANO:
Mais ce n'est rien. Cela va finir.
(*Il sourit avec effort*):
C'est fini.

ROXANE (*debout près de lui*):
Chacun de nous a sa blessure: j'ai la mienne.
Toujours vive, elle est là, cette blessure ancienne,
(*Elle met la main sur sa poitrine*):
Elle est là, sous la lettre au papier jaunissant
Où l'on peut voir encor des larmes et du sang!
(*Le crépuscule commence à venir.*)

CYRANO:
Sa lettre!. . .N'aviez-vous pas dit qu'un jour, peut-être,
Vous me la feriez lire?

ROXANE:
Ah! vous voulez?. . .Sa lettre?

CYRANO:
Oui. . .Je veux. . .Aujourd'hui. . .

ROXANE (*lui donnant le sachet pendu à son cou*):
Tenez!

CYRANO (*le prenant*):
Je peux ouvrir?

ROXANE:
Ouvrez. . .lisez!. . .
(*Elle revient à son métier, le replie, range ses laines.*)

CYRANO (*lisant*):
Roxane, adieu, je vais mourir!. . .

ROXANE (*s'arrêtant, étonnée*):
Tout haut?

CYRANO (*lisant*):
C'est pour ce soir, je crois, ma bien-aimée!
J'ai l'âme lourde encor d'amour inexprimée,
Et je meurs! jamais plus, jamais mes yeux grisés,
Mes regards dont c'était. . .

ROXANE:
Comment vous la lisez,
Sa lettre!

CYRANO (*continuant*):
. . .dont c'était les frémissantes fêtes,
Ne baiseront au vol les gestes que vous faites;
J'en revois un petit qui vous est familier
Pour toucher votre front, et je voudrais crier. . .

ROXANE (*troublée*):
Comme vous la lisez,—cette lettre!
(*La nuit vient insensiblement.*)

CYRANO:
Et je crie:
Adieu!. . .

ROXANE:
Vous la lisez. . .

CYRANO:
Ma chère, ma chérie,
Mon trésor. . .

ROXANE (*rêveuse*):
D'une voix. . .

CYRANO:
Mon amour!. . .

ROXANE:
D'une voix. . .
(*Elle tressaille*):
Mais. . .que je n'entends pas pour la première fois!
(*Elle s'approche tout doucement, sans qu'il s'en aperçoive, passe derrière le fauteuil, se penche sans bruit, regarde la lettre.—L'ombre augmente.*)

CYRANO:
Mon cœur ne vous quitta jamais une seconde,
Et je suis et serai jusque dans l'autre monde
Celui qui vous aima sans mesure, celui. . .

ROXANE (*lui posant la main sur l'épaule*):
Comment pouvez-vous lire à présent? Il fait nuit.
(*Il tressaille, se retourne, la voit là tout près, fait un geste d'effroi,
baisse la tête. Un long silence. Puis, dans l'ombre complètement venue,
elle dit avec lenteur, joignant les mains*):
Et pendant quatorze ans, il a joué ce rôle
D'être le vieil ami qui vient pour être drôle!

CYRANO:
Roxane!

ROXANE:
C'était vous!

CYRANO:
Non, non, Roxane, non!

ROXANE:
J'aurais dû deviner quand il disait mon nom!

CYRANO:
Non, ce n'était pas moi!

ROXANE:
C'était vous!

CYRANO:
Je vous jure. . .

ROXANE:
J'aperçois toute la généreuse imposture:
Les lettres, c'était vous. . .

CYRANO:
Non!

ROXANE:
Les mots chers et fous,
C'était vous. . .

CYRANO:
Non!

ROXANE:
La voix dans la nuit, c'était vous!

CYRANO:
Je vous jure que non!

ROXANE:
L'âme, c'était la vôtre!

CYRANO:
Je ne vous aimais pas.

ROXANE:
Vous m'aimiez!

CYRANO (*se débattant*):
C'était l'autre!

ROXANE:
Vous m'aimiez!

CYRANO (*d'une voix qui faiblit*):
Non!

ROXANE:
Déjà vous le dites plus bas!

CYRANO:
Non, non, mon cher amour, je ne vous aimais pas!

ROXANE:
Ah! que de choses qui sont mortes. . .qui sont nées!
—Pourquoi vous être tu pendant quatorze années,
Puisque sur cette lettre où, lui, n'était pour rien,
Ces pleurs étaient de vous?

CYRANO (*lui tendant la lettre*):
Ce sang était le sien.

ROXANE:
Alors pourquoi laisser ce sublime silence
Se briser aujourd'hui?

CYRANO:
Pourquoi?. . .
(*Le Bret et Ragueneau entrent en courant.*)

Scène 5.VI.

Les mêmes, Le Bret et Ragueneau.

LE BRET:
Quelle imprudence!
Ah! j'en étais bien sûr! il est là!

CYRANO (*souriant et se redressant*):
Tiens, parbleu!

LE BRET:
Il s'est tué, Madame, en se levant!

ROXANE:
Grand Dieu!
Mais tout à l'heure alors. . .cette faiblesse?. . .cette?. . .

CYRANO:
C'est vrai! je n'avais pas terminé ma gazette:
. . .Et samedi, vingt-six, une heure avant dîné,
Monsieur de Bergerac est mort assassiné.
(*Il se découvre; on voit sa tête entourée de linges.*)

ROXANE:
Que dit-il?—Cyrano!—Sa tête enveloppée!. . .
Ah, que vous a-t-on fait? Pourquoi?

CYRANO:
"D'un coup d'épée,
Frappé par un héros, tomber la pointe au cœur!". . .
—Oui, je disais cela!. . .Le destin est railleur!. . .
Et voilà que je suis tué dans une embûche,
Par derrière, par un laquais, d'un coup de bûche!
C'est très bien. J'aurai tout manqué, même ma mort.

RAGUENEAU:
Ah, Monsieur!. . .

CYRANO:
Ragueneau ne pleure pas si fort!. . .
(*Il lui tend la main*):
Qu'est-ce que tu deviens, maintenant, mon confrère?

RAGUENEAU (*à travers ses larmes*):
Je suis moucheur de. . .de. . .chandelles, chez Molière.

CYRANO:
Molière!

RAGUENEAU:
Mais je veux le quitter, dès demain:
Oui, je suis indigné!. . .Hier, on jouer Scapin,
Et j'ai vu qu'il vous a pris une scène!

LE BRET:
Entière!

RAGUENEAU:
Oui, Monsieur, le fameux: "Que Diable allait-il faire?. . ."

LE BRET (*furieux*):
Molière te l'a pris!

CYRANO:
Chut! chut! Il a bien fait!. . .
(*A Ragueneau*):
La scène, n'est-ce pas, produit beaucoup d'effet?

RAGUENEAU (*sanglotant*):
Ah! Monsieur, on riait! on riait!

CYRANO:
Oui, ma vie
Ce fut d'être celui qui souffle—et qu'on oublie!
(*A Roxane*):
Vous souvient-il du soir où Christian vous parla
Sous le balcon? Eh bien! toute ma vie est là:
Pendant que je restais en bas, dans l'ombre noire,
D'autres montaient cueillir le baiser de la gloire!
C'est justice, et j'approuve au seuil de mon tombeau:
Molière a du génie et Christian était beau!
(*A ce moment, la cloche de la chapelle ayant tinté, on voit passer au fond, dans l'allée, les religieuses se rendant à l'office*):
Qu'elles aillent prier puisque leur cloche sonne!

ROXANE (*se relevant pour appeler*):
Ma sœur! ma sœur!

CYRANO (*la retenant*):
Non! non! n'allez chercher personne:
Quand vous reviendriez, je ne serais plus là.
(*Les religieuses sont entrées dans la chapelle, on entend l'orgue*):
Il me manquait un peu d'harmonie. . .en voilà.

ROXANE:
Je vous aime, vivez!

CYRANO:
Non! car c'est dans le conte
Que lorsqu'on dit: Je t'aime! au prince plein de honte,
Il sent sa laideur fondre à ces mots de soleil. . .
Mais tu t'apercevrais que je reste pareil.

ROXANE:
J'ai fait votre malheur! moi! moi!

CYRANO:
Vous?. . .au contraire!
J'ignorais la douceur féminine. Ma mère
Ne m'a pas trouvé beau. Je n'ai pas eu de sœur.
Plus tard, j'ai redouté l'amante à l'œil moqueur.

Je vous dois d'avoir eu, tout au moins, une amie.
Grâce à vous une robe a passé dans ma vie.

LE BRET (*lui montrant le clair de lune qui descend à travers les branches*):
Ton autre amie est là, qui vient te voir!

CYRANO (*souriant à la lune*):
Je vois.

ROXANE:
Je n'aimais qu'un seul être et je le perds deux fois!

CYRANO:
Le Bret, je vais monter dans la lune opaline,
Sans qu'il faille inventer, aujourd'hui, de machine. . .

LE BRET:
Que dites-vous?

CYRANO:
Mais oui, c'est là, je vous le dis,
Que l'on va m'envoyer faire mon paradis
Plus d'une âme que j'aime y doit être exilée,
Et je retrouverai Socrate et Galilée!

LE BRET (*se révoltant*):
Non, non! C'est trop stupide à la fin, et c'est trop
Injuste! Un tel poète! Un cœur si grand, si haut!
Mourir ainsi!. . .Mourir!. . .

CYRANO:
Voilà Le Bret qui grogne!

LE BRET (*fondant en larmes*):
Mon cher ami. . .

CYRANO (*se soulevant, l'œil égaré*):
Ce sont les cadets de Gascogne. . .
—La masse élémentaire. . .Eh oui!. . .voilà le hic. . .

LE BRET:
Sa science. . .dans son délire!

CYRANO:
Copernic
A dit. . .

ROXANE:
Oh!

CYRANO:
Mais aussi que diable allait-il faire,
Mais que diable allait-il faire en cette galère?. . .
Philosophe, physicien,
Rimeur, bretteur, musicien,
Et voyageur aérien,
Grand riposteur du tac au tac,
Amant aussi—pas pour son bien!—
Ci-gît Hercule-Savinien
De Cyrano de Bergerac,
Qui fut tout, et qui ne fut rien,
. . .Mais je m'en vais, pardon, je ne peux faire attendre:
Vous voyez, le rayon de lune vient me prendre!
(*Il se retombé assis, les pleurs de Roxane le rappellent à la réalité, il la
regarde, et caressant ses voiles*):
Je ne veux pas que vous pleuriez moins ce charmant,
Ce bon, ce beau Christian; mais je veux seulement
Que lorsque le grand froid aura pris mes vertèbres,
Vous donniez un sens double à ces voiles funèbres,
Et que son deuil sur vous devienne un peu mon deuil.

ROXANE:
Je vous jure!. . .

CYRANO (*est secoué d'un grand frisson et se lève brusquement*):
Pas là! non! pas dans ce fauteuil!
(*On veut s'élancer vers lui*):
—Ne me soutenez pas!—Personne!
(*Il va s'adosser à l'arbre*):
Rien que l'arbre!
(*Silence*):
Elle vient. Je me sens déjà botté de marbre,
—Ganté de plomb!
(*Il se raidit*):
Oh! mais!. . .puisqu'elle est en chemin,

Je l'attendrai debout,
(*Il tire l'épée*):
et l'épée à la main!

LE BRET:
Cyrano!

ROXANE (*défaillante*):
Cyrano!
(*Tous reculent épouvantés.*)

CYRANO:
Je crois qu'elle regarde. . .
Qu'elle ose regarder mon nez, cette Camarde
(*Il lève son épée*):
Que dites-vous?. . .C'est inutile?. . .Je le sais!
Mais on ne se bat pas dans l'espoir du succès!
Non! non! c'est bien plus beau lorsque c'est inutile!
—Qu'est-ce que c'est tous ceux-là?—Vous êtes mille?
Ah! je vous reconnais, tous mes vieux ennemis!
Le Mensonge?
(*Il frappe de son épée le vide*):
Tiens, tiens!—Ha! ha! les Compromis!
Les Préjugés, les Lâchetés!. . .
(*Il frappe*):
Que je pactise?
Jamais, jamais!—Ah! te voilà, toi, la Sottise!
—Je sais bien qu'à la fin vous me mettrez à bas;
N'importe: je me bats! je me bats! je me bats!
(*Il fait des moulinets immenses et s'arrête haletant*):
Oui, vous m'arrachez tout, le laurier et la rose!
Arrachez! Il y a malgré vous quelque chose
Que j'emporte, et ce soir, quand j'entrerai chez Dieu,
Mon salut balaiera largement le seuil bleu,
Quelque chose que sans un pli, sans une tache,
J'emporte malgré vous,
(*Il s'élance l'épée haute*):
et c'est. . .
(*L'épée s'échappe de ses mains, il chancelle, tombe dans les bras de Le Bret et de Ragueneau.*)

ROXANE (*se penchant sur lui et lui baisant le front*):
C'est?. . .

CYRANO (*rouvre les yeux, la reconnaît et dit en souriant*):
Mon panache.

Rideau.

Made in the USA
San Bernardino, CA
01 October 2014